facettes

Zusatzaktivitäten
als Kopiervorlagen
zu Band 1 und 2

Nicole Laudut

Max Hueber Verlag

Zeichnungen: Virginia Azañedo, München
Seiten: 44, 45, 46, 51, 52, 54 (Papagaye), 65, 72, 80, 81, 89
Daniela Eisenreich, München, alle anderen Zeichnungen, außer:
Martin Guhl, Duillier, Schweiz
Seiten: 42 (Kino), 54 (Leute im Café), 55 (Frau im Zug, Dorf),
56 (Dorf, Schmuckladen, Kuchen, Familie), 62, 69, 84, 85, 87, 88

Texte: die Autorin, außer:
S. 85, erster Text d'après Aux portes de la folie, Danièle Grobsheiser
© Avantages n° 110, novembre 1997

 Dieses Werk folgt der seit dem 1. August 1998 gültigen Rechtschreibreform.
Ausnahmen bilden Texte, bei denen künstlerische, philologische oder
lizenzrechtliche Gründe einer Änderung entgegenstehen.

Das Werk und seine Teile sind urheberrechtlich geschützt.
Jede Verwertung in anderen als den gesetzlich zugelassenen
Fällen bedarf deshalb der vorherigen schriftlichen
Einwilligung des Verlages.

3.	2.	1.		Die letzten Ziffern
2008	07	06	05 04	bezeichnen Zahl und Jahr des Druckes.

Alle Drucke dieser Auflage können, da unverändert, nebeneinander benutzt werden.
1. Auflage
© 2004 Max Hueber Verlag, D-85737 Ismaning
Redaktion: Agnès Roubille
Umschlaggestaltung: Petra Obermeier, München
Satz: Petra Obermeier, München
Druck und Bindung: J. P. Himmer GmbH & Co KG, Augsburg
Printed in Germany
ISBN 3-19-173226-8

Sommaire

AVANT-PROPOS 4

TABLEAU DES CONTENUS 6

facettes 1 8

facettes 2 22

FICHES PHOTOCOPIABLES 37

Avant-propos

Parce qu'elle détourne l'attention de l'apprenant de la pure intention d'apprendre, parce qu'elle introduit le plaisir et l'émotionnel, composantes essentielles de l'apprentissage, l'activité ludique est devenue un élément indispensable de la didactique des langues. Le jeu, de plus, parce qu'il met en scène un espace d'apprentissage autonome (retrait de l'enseignant), renforce l'interaction (solidarité/compétition) et la communication entre les apprenants et se révèle donc par là comme très bénéfique à la dynamique de groupe. Mais l'intérêt didactique du jeu dans l'enseignement d'une langue étrangère n'est plus à démontrer. C'est donc à une partie de langage et de plaisir que voudrait vous convier ce manuel.

Ce recueil d'activités s'adresse aux enseignants utilisateurs de *facettes 1* et *facettes 2* à qui il propose pour chaque leçon (exceptée la première leçon de *facettes 1* dont la brièveté justifie une seule activité) deux activités ludiques supplémentaires pour exercer, réutiliser, ancrer les acquis et solliciter, dans des contextes nouveaux et variés, les différentes compétences des apprenants en les entraînant à la production et à la compréhension orales et écrites. Nous avons préféré utiliser les termes de *participant* et de *joueur* à celui d'*apprenant* pour bien souligner le changement de perspective impliqué par le jeu.

Notre objectif est de fournir un matériel d'accompagnement, parfaitement adapté à la progression de *facettes* et donc immédiatement utilisable par les enseignants et ce, au fil des leçons. Les activités proposées ne nécessitent ni connaissances hors manuel de la part du participant ni manipulation supplémentaire de la part de l'enseignant. Dans les très rares cas, où un mot utilisé dans un jeu n'aurait pas été introduit au préalable dans *facettes* et ne serait donc pas immédiatement décodable par l'apprenant, nous le signalons dans le descriptif du jeu, de façon à permettre à l'enseignant le repérage immédiat des éléments qui pourraient être inconnus des participants.

Nous avons, par désir de clarté, choisi une désignation simple des activités, retenant lorsque le jeu se réfère à un jeu classique la dénomination usuelle, par exemple le jeu des 7 familles, le pouilleux, les dominos etc. Nous avons également opté pour des règles simples afin de permettre une compréhension rapide du jeu (exception faite de l'activité 42 où les règles plus « sinueuses » correspondent à l'intention de créer un certain mystère autour de ce jeu dit de divination).

Les enseignants trouveront dans ce manuel une grande variété d'activités : jeux ouverts (sans solution imposée), jeux fermés, jeux de rôles, jeux de cartes, jeux de concentration, de compétition, de solidarité etc. Toutes ont pour but de favoriser la prise de parole, l'interaction et la communication dans le groupe.

Des activités courtes, légères (échauffement, mise en train, concentration) alternent avec des activités plus complexes, plus longues ce qui accroît la variété et permet de moduler le temps imparti aux activités ludiques dans le cours.

Nous proposons également, au même rythme que les deux manuels, des jeux de révision plus générale – signalant ici, tout comme *facettes* par ses bilans – notre volonté de marquer les différentes étapes de l'apprentissage.

Cet ouvrage est composé de deux parties bien distinctes :

1. Présentation des différents jeux et énumération des règles

Dans cette première partie, nous avons, pour chaque jeu/activité, établi une fiche descriptive (type d'activité, objectifs, temps imparti, matériel nécessaire etc.) et précisé les modalités de son déroulement. La durée proposée pour chaque activité n'a bien sûr qu'une valeur indicative, le niveau et la taille du groupe jouant ici un rôle déterminant.
Nous avons aussi indiqué lorsque cela était utile les outils nécessaires à la réalisation de certains jeux. Nous conseillons de partir à chaque fois que cela est possible d'une démonstration concrète de l'activité pour en expliquer le déroulement aux participants.
Nous avons également, de temps en temps, montré des possibilités de prolongement ou de variation, dans le but d'une part de faciliter l'adaptation du jeu au niveau des différents groupes d'apprenants et d'autre part d'ouvrir des voies vers d'autres activités divertissantes et efficaces, peut-être parfois plus insolites.
L'aspect « compétition » des jeux, qui ajoute sans aucun doute un élément de suspense à l'activité, peut toujours être mis en valeur ou amoindri, selon le profil du groupe et de l'enseignant.

2. Fiches d'activités photocopiables

Dans cette deuxième partie se trouvent les fiches à photocopier dont le numéro renvoie directement à la description du jeu correspondante dans la première partie, identifiée par le même numéro.

Nous vous souhaitons à vous et à vos participants bien du plaisir !

L'auteure et la rédaction

TABLEAU DES CONTENUS

facettes 1

Leç.	N°	Titre	Type d'activité	Objet	Page
1	1	On fait connaissance !	Jeu de concentration	Prendre contact	8
2	2	Moi aussi !	Jeu de rôles	Se présenter	8
	3	J'épelle, tu épelles…	Jeu de lettres	Epeler ; le e muet	9
3	4	J'aime, je n'aime pas… Et toi ?	Mémory	Parler de ses goûts	10
	5	Dominos des verbes réguliers	Dominos	Conjuguer les verbes	10
4	6	Perdu en ville…	Demande d'informations	S'orienter	11
	7	Sur le canapé, il y a…	Jeu des différences	Les prépositions	12
5	8	Je voudrais…	Jeu des familles	Acheter	12
	9	Loto des nombres	Loto	Les nombres de 0 à 99	13
6	10	Emplois du temps	Jeu de rôles	Se donner rendez-vous	14
	11	Qu'est-ce qu'il fait dans la vie ?	Pantomime	Les professions	14
1-6	12	Tour d'horizon	Jeu de l'oie	Révisions	15
7	13	Après la pluie, le beau temps !	Mémory	Parler du temps	15
	14	Je suis allé(e)…	Activité grammaticale	Le passé composé (I)	16
8	15	Qu'est-ce que vous avez fait ?	Récit-mémory	Le passé composé (II)	17
	16	Mon, ton, son… ?	Activité grammaticale	Les possessifs	17
9	17	Qu'est-ce que vous prenez… ?	Jeu des familles	Passer une commande	18
	18	On les mange vivantes !	Jeu du flic-flac	Les pronoms (COD)	19
10	19	Vous avez vu quelqu'un ?	Jeu du pouilleux	La négation	19
	20	Vie privée, vie publique	Activité lexicale	Vocabulaire de la leçon	20
1-10	21	*facettes*-poursuit	Trivial poursuit	Révision générale	21

facettes 2

Leç.	N°	Titre	Type d'activité	Objet	Page
1	22	Les autres et moi	Interview	Reprendre contact	22
	23	Présentations fantaisistes	Jeu de concentration	Verbes pronominaux	22
2	24	La France au superlatif	Quiz (avec solutions)	Le superlatif, civilisation	23
	25	Quelle voiture choisir ?	Jeu des différences	Le comparatif	24
3	26	Offrez-lui des fleurs !	Activité grammaticale	Les pronoms (COI)	24
	27	Oui ! Non ! Oui, mais...	Jeu de rôles	Prendre position	25
4	28	Quand j'avais 12 ans...	Jeu de l'oie communicatif	L'imparfait	26
	29	Comment faites-vous... ?	Activité lexicale et grammaticale	Vocabulaire de la leçon et adverbes de manière	26
5	30	Trois vies en désordre	Textes-puzzles	Les temps du passé	27
	31	Pourquoi ? Parce que...	Ecriture dirigée	Les temps du passé	28
1-5	32	Tour d'horizon	Jeu de l'oie	Révisions	28
6	33	La cigale et la fourmi	Dialogues guidés	Reproches et justifications	29
	34	*En* ou *y*, il faut choisir !	Questions/Réponses	Les pronoms *en* et *y*	30
7	35	Où est passé... ?	Jeu de kim	Les noms d'animaux	30
	36	Avec des *si*...	Activité grammaticale	Formuler des hypothèses	31
8	37	Les joies du dictionnaire	Production écrite	Compréhension, lecture	32
	38	Histoire de vélos	Texte-Puzzle	Indicateurs temporels et temps du passé	32
9	39	Docteur, faites quelque chose !	Dialogue guidé	Le subjonctif	33
	40	Attention relaxation !	BD-Puzzle	Vie quotidienne, relaxation, les temps du passé	34
10	41	Champion d'Europe	Quiz sur l'Europe	Les adjectifs de nationalité	34
	42	Chez la voyante	Jeu de rôles	Le futur	35
1-10	43	*facettes*-poursuit	Trivial poursuit	Révision générale	36

LEÇON 1

Destination France — facettes 1

1 On fait connaissance !

Quand :	à la fin de la leçon 1
Type d'activité :	jeu de concentration
Objectifs :	prendre contact, dire son nom
Contenus :	présentations (nom), le pronom personnel *je*, quelques nombres
Outils :	*je suis, je m'appelle, j'appelle le Numéro..., les nombres de 0 à 12*
Durée :	5 à 10 minutes
Modalité :	en groupe entier
Préparation :	une photocopie par groupe des numéros p. 38, à découper

Déroulement

Les participants sont assis en cercle autour de la table. Chaque participant reçoit un numéro qu'il pose devant lui sur la table, bien visible pour les autres.
Si le groupe compte plus de 12 participants, on peut compléter la série des fiches par *1a, 2a, 3a, 4a* etc.

L'enseignant ouvre le jeu, appelle un numéro en disant par exemple : « J'appelle le *Numéro 3.* »
Le numéro appelé se présente : « Je suis le numéro 3 et je m'appelle... »
Puis il appelle un autre numéro, lequel procède de la même manière et ainsi de suite jusqu'à ce que chaque participant ait été appelé.

Consigne pour forcer l'attention et ajouter du suspense

1. Un numéro (c'est-à-dire une personne) ne peut être appelé deux fois !

2. Lorsque tous les participants se sont présentés, on refait le chemin à l'envers : le dernier participant appelle le numéro de la personne qui l'avait appelé en dernier. La dernière personne à être appelée devrait être l'enseignant.

N. B : les nombres de 0 à 12 sont connus grâce à l'activité 2 p. 10.

LEÇON 2

2 Moi aussi !

Quand :	après les pronoms toniques p. 15
Type d'activité :	jeu de rôles
Objectifs :	saluer, se présenter
Contenus :	professions, pronoms personnels sujet, pronoms toniques
Outils :	*bonjour, je suis, je m'appelle, j'habite, et vous ?, moi aussi, lui aussi, elle aussi*
Durée :	5 à 10 minutes
Modalité :	en groupe entier
Préparation :	une photocopie des cartes de visite p. 39, à découper

Moi, c'est..., et vous ?

LEÇON 2

Déroulement

Chaque participant reçoit une carte de visite et prend connaissance de sa nouvelle identité. Muni de cette carte, il part ensuite à la recherche d'une personne du cours qui a un point commun avec lui. Le point commun peut être le nom, le prénom, la ville, la rue ou la profession.
Pour cela, il choisit une personne du groupe à laquelle il se présente à l'aide des informations contenues sur sa fiche. L'autre se présente ensuite à son tour. Si les deux personnes ne trouvent aucun point commun, elles repartent chacune de leur côté jusqu'à ce que le but soit atteint.
Deux personnes qui ont découvert leur point commun restent ensemble et pourront à la fin se présenter en nommant le point qui les a réunies selon le modèle :
- *J'habite à Lyon.*
- *Moi aussi.*

Remarques

Nous avons retenu un certain nombre de prénoms mixtes pour pouvoir adapter plus facilement ce jeu à un nombre de participants féminins ou masculins variable.

Trois cartes présentent un même point commun (profession *architecte*) pour permettre de former un groupe de trois pour un groupe impair. Nous proposons donc 19 cartes de visite.

Quelques professions, faciles à identifier par le germanophone ont été ajoutées : fleuriste, masseur, actrice (cf. Juliette Binoche dans la page d'entrée), biologiste et reporter.

3 J'épelle, tu épelles...

Quand :	après l'activité 4 p. 17
Type d'activité :	jeu de lettres
Objectifs :	épeler un mot, sensibiliser au *e muet*
Contenus :	l'alphabet, le *e muet*, vocabulaire de la leçon
Durée :	10 minutes
Modalité :	en groupes de 3 à 4 participants
Préparation :	une photocopie de la fiche p. 40-41, à découper

Déroulement

Après avoir formé les groupes, l'enseignant remet à l'une des personnes du groupe, une série de mots (qui sont posés en tas sur la table, non visibles pour les participants) et à chacun des trois autres participants, une série de lettres.
La personne qui n'a pas reçu de lettres commence et tire un premier mot qu'elle doit alors épeler aux autres joueurs du groupe. Ceux-ci doivent former le mot avec les lettres à leur disposition.

Le nombre de mots à épeler varie en fonction de la taille des groupes. Pour un groupe de quatre par exemple, chaque participant épellera 4 mots avant de changer de rôle. Après avoir formé un mot, les trois autres participants doivent remettre dans le jeu les lettres de ce mot avant de continuer.

Variante

Le joueur qui devine le mot le premier avant que celui-ci ait été épelé en entier, marque un point.

LEÇON 3 — Des goûts et des couleurs

4 J'aime, je n'aime pas... Et toi ?

Quand :	après l'activité 3 p. 21
Type d'activité :	mémory, dialogue guidé
Objectifs :	parler de ses goûts, confronter ses goûts à ceux d'autrui
Contenus :	présent des verbes en -er, l'article défini, la négation
Outils :	*J'aime... Je n'aime pas... Et toi ? Et vous ? Moi aussi. / Moi pas. Moi non plus. / Moi si.*
Durée :	15 minutes
Modalité :	en groupes de 2 à 3 joueurs
Préparation :	deux photocopies par groupe de la page 42, à découper et à coller éventuellement sur un carton

Déroulement

Comme pour le jeu de mémory classique, les cartes sont étalées sur la table, le dessin n'étant pas visible. Le but du jeu est de réunir le plus de paires possibles. Il faut pour cela faire preuve de concentration et mémoriser les cartes qui ont été retournées.

Le premier joueur (A) retourne par exemple la carte *cinéma* et dit : « J'aime le cinéma. » Puis il demande à son partenaire : « Et toi ? » Celui-ci (B) retourne à son tour une carte et répond en fonction de la carte qu'il vient de retourner :
- si le dessin est le même, il dit : « Moi aussi. » et il ramasse les deux cartes.
- si le dessin est différent, il dit : « Moi pas. » et les deux cartes sont remises dans le jeu.

C'est alors au joueur B de retourner une nouvelle carte et au joueur A (ou C si le jeu se fait en groupe de 3) de répondre en cherchant à former une nouvelle paire. Le sens du jeu se fait dans le sens des aiguilles d'une montre. Le joueur qui retourne la première carte peut choisir entre les structures *J'aime* ou *Je n'aime pas*. C'est au joueur qui retourne la deuxième carte d'adapter sa réponse.
J'aime entraîne la réponse *Moi aussi* ou *Moi pas*.
Je n'aime pas entraîne la réponse *Moi non plus* ou *Moi si*.

Le gagnant est celui qui a réussi à découvrir le plus de paires et a donc ramassé le plus de cartes.

5 Dominos des verbes réguliers

Quand :	après les verbes en -er p. 22
Type d'activité :	dominos
Objectifs :	exercer la conjugaison au présent des verbes en -er
Contenus :	habiter, aimer, chercher, parler, détester au présent de l'indicatif
Durée :	10 minutes environ
Modalité :	en tandems ou en groupes de trois
Préparation :	une photocopie des dominos p. 43 par groupe, à découper (collés sur un carton, les dominos seront plus solides)

Rendez-vous au musée 4

LEÇON 5 (suite)

Déroulement

Comme pour le jeu traditionnel des dominos, il s'agit de mettre côte à côte les dominos qui vont ensemble : ici personne et forme du verbe correspondantes. Il n'est pas important de conjuguer un verbe en entier à la suite, mais il faut absolument accorder la personne et la terminaison du verbe.

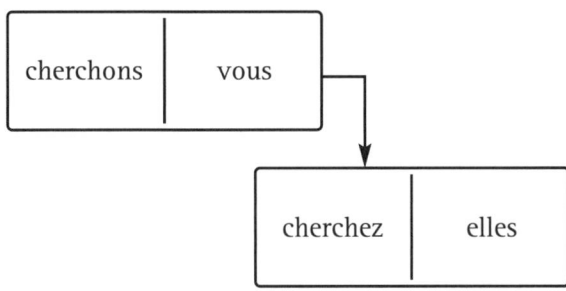

Chaque joueur reçoit 7 dominos (6 si l'on joue à trois), les autres sont retournés sur la table et forment la pioche. A tour de rôle, les joueurs placent un domino. On peut jouer dans deux directions : ou ajouter le verbe (à droite) ou ajouter la personne (à gauche).
Retenir un critère « arbitraire » (par exemple : le plus jeune, le plus grand, le plus blond etc.) pour désigner le joueur qui commence.
Quand un joueur ne peut placer un de ses dominos, il pioche dans le talon. S'il pioche un bon domino, il peut le placer tout de suite puis c'est au joueur suivant de jouer.
Le gagnant est celui qui, le premier, réussit à poser tous ses dominos ou à qui il en reste le moins.

LEÇON 4

6 Perdu en ville...

Quand :	après l'activité 4 p. 29
Type d'activité :	demande d'informations
Objectifs :	situer un bâtiment sur un plan, demander son chemin, renseigner sur un itinéraire à suivre
Contenus :	quelques adverbes et prépositions de lieu, l'impératif, les articles contractés, les premiers nombres ordinaux, direction et provenance
Outils :	*aller tout droit, prendre, tourner à droite/à gauche, continuer jusqu'à, là ; Où est... ? Où se trouve... ? Pour aller à... ?*
Durée :	10 à 15 minutes
Modalité :	en tandems
Préparation :	une photocopie des plans A et B p. 44-45 par tandem

Déroulement

Distribuer deux plans par tandem : chaque participant reçoit un plan différent. Le nom de certains sites ne figurant que sur un seul plan, il s'agit, en posant des questions à l'autre de les localiser et de les noter à l'emplacement voulu sur le plan. La liste des sites à rechercher figure au bas de chaque plan.

Le point de départ est la gare SCNF.
Lorsque les joueurs ont complété leur fiche, ils comparent leur plan : les deux plans devraient alors être totalement identiques. Si l'on veut faire une compétition, préciser avant le début du jeu que le tandem qui aura terminé le premier sera déclaré vainqueur.

7 Sur le canapé, il y a...

Quand :	après l'activité 8 p. 32
Type d'activité :	jeu des différences
Objectifs :	décrire un dessin, situer dans l'espace, réagir à un commentaire
Contenus :	les prépositions de lieu, l'article contracté, quelques noms de meubles
Outils :	*sur, sous, devant, derrière, en face de, à côté de, entre, il y a*
Durée :	10 minutes
Modalité :	en tandems
Préparation :	une photocopie des dessins p. 46 par tandem

Déroulement

Avant de commencer l'activité, donner les mots *commode* et *chaise*.
Chaque membre du tandem reçoit un dessin différent qu'il ne montre pas à l'autre. Il s'agit alors – sans montrer son dessin à l'autre – de faire apparaître sept différences entre les deux dessins, en décrivant son dessin à son partenaire.

A dit par exemple : « Il y a une lampe sur la table. »

B réagit en disant : « (Sur mon dessin), la lampe est devant le canapé. »

L'équipe qui découvre le plus rapidement les 7 différences est gagnante.

LEÇON 5

8 Je voudrais...

Quand :	après l'activité 4 p. 38
Type d'activité :	jeu des familles
Objectifs :	formuler une demande, exprimer une quantité
Contenus :	faire les courses, noms de magasins et de produits, l'article partitif
Outils :	*Je suis à... Je voudrais... Avez-vous... ? Et avec ça ? Voilà ! Désolé(e), je n'ai plus de...*
Durée :	15 minutes
Modalité :	en groupes de 3 ou 4 participants
Préparation :	une photocopie du jeu p. 47 par groupe ; découper les cartes (collées sur du carton, elles peuvent être réutilisées souvent)

On fait les courses ?

LEÇON 5

Déroulement

Ce jeu suit les mêmes règles que le jeu des 7 familles. Il s'agit de réunir toutes les cartes faisant partie d'une même série. Ici, un commerce donne le nom à la série. Il y a 4 familles : marché, bar-tabac, boulangerie et supermarché. Pour être complète, une famille doit réunir 4 produits.

Chaque groupe reçoit un jeu de cartes. Selon la taille du groupe, distribuer 3 à 4 cartes par joueur de façon à laisser un talon.

Sur chaque carte, le produit surligné de gris est celui que l'on possède. Il s'agit alors de partir à la recherche des autres produits en demandant les cartes manquantes, signalées par un point d'interrogation, à une autre personne.

Joueur A commence et dit par exemple à joueur B « Je suis au marché. Je voudrais une salade. » Deux cas se présentent :
1) B possède la carte *salade*, il doit alors la donner à A en disant « Voilà ! » et A peut continuer à jouer : il peut demander une autre carte à n'importe quel autre joueur.
2) B n'a pas la carte demandée, il dit donc « Désolé(e), je n'ai plus de salade. » A pioche alors dans le talon : s'il pioche la carte demandée, A peut continuer à jouer, sinon c'est au tour de B.

Le gagnant est celui qui a réuni le plus grand nombre de familles.

Attention !

On ne peut demander un produit dans une série que si l'on possède soi-même une carte de cette série.

9 Loto des nombres

Quand :	après l'activité 10 p. 41
Type d'activité :	jeu de loto
Objectifs :	compréhension auditive et prononciation des nombres de 0 à 99
Contenus :	les nombres de 0 à 99
Durée :	15 à 20 minutes
Modalité :	en tandems et en groupe entier
Préparation :	une photocopie de la grille de loto p. 48 par tandem (A) ;
	une photocopie de la grille de chiffres p. 48 pour le meneur de jeu (B)

Déroulement

Chaque tandem reçoit une grille de loto, doit dans un premier temps se mettre d'accord et inscrire un numéro dans chaque case blanche comme indiqué ci-dessous. Montrer un exemple de grille remplie aux participants. La grille complète des nombres de 0 à 99 est attribuée au meneur de jeu qui peut être soit l'enseignant soit un participant.

Comme pour le loto classique, le meneur de jeu annonce un chiffre et les tandems qui possèdent ce numéro l'entourent sur leur grille.

Le meneur de jeu barre le chiffre sur sa grille pour être sûr de ne pas appeler deux fois le même numéro. Le premier tandem dont 7 numéros ont été appelés est le gagnant. Pour terminer, le tandem gagnant énumère tous les numéros de sa grille.

Unité Dizaine etc.

	10	27			52	61		82	
6			30	45	56		74	84	90
	13	29	38			64	77		92

6 Yoga dans les Cévennes

LEÇON 5

10 Emplois du temps

Quand :	après l'activité 9 p. 49
Type d'activité :	jeu de rôles
Objectifs :	téléphoner, poser des questions, se donner rendez-vous, parler de son emploi du temps
Contenus :	l'heure, les moments de la journée, les loisirs
Outils :	*Allô ? Qu'est-ce que tu fais à… ? Tu fais quoi à… ? A quelle heure… ?*
Durée :	10 minutes
Modalité :	en tandems
Préparation :	1 photocopie des emplois du temps p. 49 par tandem

Déroulement

Chaque membre du tandem reçoit un emploi du temps différent. Il s'agit en posant des questions à l'autre (sans se montrer les emplois du temps) de trouver un moment libre commun pour pouvoir se rencontrer pendant les vacances.
Le week-end est réservé à la famille !

11 Qu'est-ce qu'il fait dans la vie ?

Quand :	après l'activité 10 p. 50
Type d'activité :	pantomime
Objectifs :	mémoriser et dire les noms de métiers, poser des questions
Contenus :	la phrase interrogative, noms de professions au masculin et au féminin
Durée :	10 minutes
Modalité :	en groupe entier
Préparation :	une photocopie de la fiche p. 50, à découper

Déroulement

Chaque participant (volontaire) tire une carte et doit mimer le métier indiqué sur la carte.
Le groupe doit alors le deviner en posant si nécessaire des questions « fermées » (auxquelles on ne peut répondre que par oui ou par non).

La carte comportant le point d'interrogation signifie que le participant peut choisir la profession qu'il désire mimer.

Bilan 1-6

LEÇONS

12 Tour d'horizon

Quand :	à la fin de la leçon 6
Type d'activité :	jeu de l'oie
Objectifs :	révision des leçons 1 à 6
Contenus :	grammaire et vocabulaire des premières leçons
Durée :	20 minutes
Modalité :	en groupes de 2 à 4 joueurs
Matériel :	une photocopie de la fiche p. 51, un dé par groupe et autant de pions que de joueurs

Déroulement

Distribuer un jeu, un dé par groupe et un pion de couleur différente par joueur.
Tous les joueurs placent leur pion sur la case *DEPART*. C'est le joueur le plus jeune qui commence : il lance le dé et avance son pion du nombre de points indiqué par le dé. Il doit, pour pouvoir rester sur la case sur laquelle il arrive, résoudre le « problème » qui y est posé.

S'il ne répond pas correctement, il recule d'une case.

La case *?* indique que le participant peut poser une question de son choix à qui il veut.

Le gagnant est celui qui atteint le premier la case *BRAVO*.

LEÇON 7

13 Après la pluie, le beau temps !

Quand :	après l'activité 2 p. 59
Type d'activité :	mémory
Objectifs :	parler du temps qu'il fait
Contenus :	vocabulaire de la météo
Outils :	*il pleut, il neige, il fait froid/chaud/28 degrés, il y a de l'orage/des nuages/ du vent/du soleil*
Durée :	15 minutes
Modalité :	en groupes de deux ou trois participants
Matériel :	fiche de dessins p. 52, à photocopier en double pour chaque groupe et à découper

LEÇON 7 / Voyages aux Antilles

Déroulement

Comme pour l'activité 4 de la leçon 3, il s'agit de réunir le plus de paires possibles. Il faut donc se concentrer et mémoriser les cartes qui ont été retournées.

Chaque groupe reçoit une série de cartes en double. Les cartes sont étalées sur la table, les dessins n'étant pas visibles.

A la différence du mémory classique, un participant ne retourne qu'une seule carte. Par exemple, le joueur A retourne une carte et décrit le temps qu'il fait sur la carte retournée : « Il fait beau. » Joueur B retourne à son tour une deuxième carte et confirme ou réfute – en fonction de la carte qu'il vient de retourner – l'affirmation de A :

- « Il fait beau aussi. », s'il a retourné la même carte auquel cas il remporte la paire et peut rejouer.
- « Il ne fait pas beau, il... » et décrit sa carte si cette dernière est différente de la carte de A. Les deux cartes sont alors remises dans le jeu. C'est ensuite au joueur B de découvrir une nouvelle carte et au joueur A (ou C si le jeu se fait en groupes de 3) de répondre en essayant de former une nouvelle paire. Le sens du jeu se fait dans le sens des aiguilles d'une montre.

Le gagnant est celui qui a réussi à rassembler le plus grand nombre de paires.

14 Je suis allé(e)...

Quand :	après le passé composé (I) p. 62
Type d'activité :	activité grammaticale
Objectifs :	systématiser la conjugaison du passé composé avec *être*
Contenus :	le passé composé avec *être*, la négation
Durée :	10 à 15 minutes
Modalité :	en tandems ou en groupes de trois
Préparation :	1 photocopie par tandem des verbes p. 53, à découper
Matériel :	un dé par tandem

Déroulement

Chaque tandem reçoit les vingt cartes de verbes et un dé. Les cartes de verbes sont étalées sur la table, le texte n'étant pas visible. A tour de rôle, chaque participant retourne une carte et lance le dé. A chaque face du dé correspond une personne du verbe.

⚀ = je   ⚁ = tu   ⚂ = il/elle
⚃ = nous   ⚄ = vous   ⚅ = ils/elles

Il s'agit alors de conjuguer le verbe au passé composé à la personne indiquée par le dé.

Par exemple :

aller + ⚁ → Tu es allé(e)
→ Tu es allé(e) au cinéma avec des amis.

En fonction du niveau du groupe, on peut demander aux participants d'intégrer ces formes verbales dans une phrase. Les phrases peuvent être présentées à la fin du jeu en plénum.

A la découverte de la Provence

LEÇON 8

15   Qu'est-ce que vous avez fait ?

Quand :	après le passé composé (II) p. 69
Type d'activité :	récit-mémory
Objectifs :	s'exprimer au passé, mémoriser le vocabulaire de la leçon
Contenus :	le passé composé avec *avoir* et *être*, le vocabulaire du texte 2 p. 68
Durée :	10 à 15 minutes
Modalité :	groupes de trois tandems
Préparation :	une photocopie par groupe de 6 des fiches p. 54-55, à photocopier et à découper

Déroulement

Chaque groupe reçoit un paquet de cartes. Les cartes sont posées en pioche, leur contenu n'est pas visible. Le premier tandem retourne une carte et forme une phrase au passé composé en fonction des indications de la carte. (Par exemple la carte *faire de la randonnée* → *J'ai fait des randonnées dans la montagne*).
La carte reste retournée sur la table (texte visible), à droite de la pioche. Puis c'est à l'équipe suivante de retourner une carte et de formuler à son tour une phrase appropriée. La carte est ensuite posée sur la première, qu'elle doit recouvrir. Seule la dernière carte retournée reste visible.
Le jeu continue jusqu'à ce qu'un joueur retourne une carte *perroquet*. A ce moment-là, il donne cette carte à un joueur de son choix, lequel doit alors reprendre toute l'histoire dans l'ordre d'apparition des cartes. Son co-équipier peut l'aider à tout moment. Le joueur qui lui a donné la carte *perroquet* prend le tas de cartes retournées et peut ainsi contrôler l'exactitude de la chronologie du récit et compter les points en attribuant un point par bonne réponse. Puis les cartes sont mélangées et le jeu peut recommencer. Est déclaré vainqueur le tandem qui a obtenu le plus de points.

Variante
Selon le niveau du groupe, continuer le jeu sans y remettre les cartes initiales.

16   Mon, ton, son... ?

Quand :	après les adjectifs possessifs p. 71
Type d'activité :	jeu de cartes
Objectifs :	savoir indiquer l'appartenance
Contenus :	les adjectifs possessifs et le vocabulaire de la leçon
Durée :	10 minutes
Modalité :	groupes de 3 ou 4 participants
Préparation :	cartes *vocabulaire* p. 56, à photocopier et découper
Matériel :	un dé par groupe

Déroulement

Les cartes *vocabulaire* sont posées en pioche sur la table. Chaque joueur retourne une carte *vocabulaire* et lance un dé. A chaque face du dé correspond une personne :

- ⚀ = mon / ma / mes
- ⚁ = ton / ta / tes
- ⚂ = son / sa / ses
- ⚃ = notre / nos
- ⚄ = votre / vos
- ⚅ = leur / leurs

Le singulier ou le pluriel sont indiqués sur les cartes *vocabulaire*.

Il s'agit alors d'accorder le possessif en genre et en nombre avec le substantif indiqué. On peut bien sûr demander aux participants d'intégrer la structure ainsi obtenue dans une phrase et de présenter ensuite leur production en plénum.

LEÇON 9

17   Qu'est-ce que vous prenez... ?

Quand :	après l'activité 2 p. 75
Type d'activité :	jeu des familles
Objectifs :	passer une commander au restaurant
Contenus :	vocabulaire de la restauration, expression de la quantité
Outils :	*Qu'est-ce que vous prenez comme... ? Je voudrais... Désolé, nous n'avons plus de... Voilà!*
Durée :	15 minutes
Modalité :	en groupes de trois
Préparation :	une photocopie par groupe du jeu de cartes p. 57-58, à photocopier et découper

Déroulement

Comme pour l'activité 8 de la leçon 5, il s'agit de réunir toute les cartes d'une même série. Il y a ici cinq familles correspondant à cinq menus différents. Chaque groupe reçoit un jeu de cartes. Distribuer 5 cartes par joueur de façon à laisser un talon. Le produit surligné de gris est celui que l'on possède. Il s'agit alors pour former une famille complète de partir à la recherche des autres produits en demandant aux autres joueurs les cartes manquantes (signalées par un point d'interrogation).
Joueur A commence et dit par exemple à joueur B : « Je voudrais un dessert. »
B demande : « Qu'est-ce que vous voulez/prenez comme dessert ? »
A répond : « Je voudrais la crème caramel. »

1. Si B possède la carte demandée, il doit alors la donner à A en disant « Voilà ! » ; A peut rejouer et demander une nouvelle carte à n'importe quel autre joueur.
2. Si B n'a pas la carte demandée, il dit : « Désolé(e), nous n'avons plus de... »
   A pioche alors dans le talon : s'il pioche la carte demandée, il peut continuer à jouer. S'il pioche une autre carte, c'est à B de jouer.

Le gagnant est celui qui a réuni le plus grand nombre de familles.

Attention !
On ne peut demander un produit dans une série que si l'on possède soi-même une carte de cette série.

Une sortie — LEÇON 9

18 On les mange vivantes !

Quand :	après les pronoms personnels p. 78
Type d'activité :	jeu du flic-flac
Objectifs :	systématiser l'emploi des pronoms, exercer la compréhension rapide
Contenus :	les pronoms personnels compléments d'objet direct, vocabulaire de la leçon
Durée :	20 minutes
Modalité :	en tandems
Préparation :	une photocopie par tandem des cartes A et B p. 59-60, si possible sur du papier de couleur différente

Déroulement

Ce jeu se joue comme le jeu du flic-flac. Il s'agit de faire preuve de rapidité et de découvrir le premier les cartes qui peuvent aller par paire : ici un mot et une phrase définissant ce mot. Chaque tandem reçoit un jeu complet de cartes. Les cartes sont posées en deux pioches A et B sur la table (un tas devant chaque joueur), texte non visible. Au signal *flic !* chacun retourne une carte du paquet posé devant lui. Si les cartes retournées s'accordent, c'est le premier joueur qui dit *flac* qui ramasse la paire. Si les deux cartes ne vont pas ensemble, on redonne le signal de départ *flic !* et chaque joueur retourne une nouvelle carte qu'il pose sous la première, de façon à obtenir une colonne de cartes *mots* et une colonne de cartes *définitions* combinables les unes avec les autres.

Il s'agit de réunir le plus vite possible les cartes qui vont ensemble. Quand un joueur a dit *flac*, il annonce la paire qu'il veut ramasser et l'autre joueur attend. Puis le jeu reprend. Quand un joueur dit *flac* par erreur, il doit remettre une de ses paires de cartes à l'autre.
Le jeu se termine lorsque toutes les paires ont été formées. Le gagnant est celui qui a ramassé le plus de paires.

Remarque
Pour les tandems plus rapides, organiser trois manches.
Pour vérifier l'exactitude des résultats, faire présenter les résultats en tandem sous la forme d'un échange : le premier joueur lit la définition, le second le mot.

LEÇON 10

19 Vous avez vu quelqu'un ?

Quand :	après la négation p. 88
Type d'activité :	jeu du pouilleux
Objectifs :	systématiser la négation et l'emploi de quelques pronoms indéfinis
Contenus :	la négation, quelques pronoms indéfinis
Outils :	*ne ... pas, ne ... rien, ne ... plus, ne ... personne, ne ... jamais*
Durée :	10 à 15 minutes
Modalité :	en groupes de 3 joueurs minimum
Préparation :	une photocopie par groupe des cartes *questions/réponses* p. 63-64, à découper et éventuellement à coller sur un carton

10 Projets d'avenir

Déroulement

Chaque groupe reçoit un jeu de cartes complet. Toutes les cartes sont distribuées. Il s'agit de former des paires en réunissant question et réponse adaptée. Les joueurs ne se montrent pas leur jeu. S'ils peuvent former une(des) paire(s) avant de commencer à jouer, ils posent celle(s)-ci aussitôt sur la table.

Si un joueur a une carte en plus, c'est lui qui commence à faire piocher son voisin de gauche. Sinon c'est le joueur à gauche du donneur qui commence et tire une carte dans le jeu du joueur placé à sa droite. Si la carte tirée lui permet de former une paire avec une autre carte de son jeu, il la pose sur la table et la lit à haute-voix pour permettre aux autres joueurs d'en vérifier la cohérence.

(Par exemple : *Quelqu'un a téléphoné ?* et *Non, personne n'a téléphoné.*)

Un joueur qui a formé une paire ne rejoue pas mais se laisse prendre une carte par son voisin de droite et ainsi de suite jusqu'à épuisement des cartes.

La carte du pouilleux ne va avec aucune autre et décide de l'issue de la partie : celui qui ne réussit pas à s'en débarrasser (en la redonnant à un autre joueur) est le perdant de la partie. On peut alors imaginer un gage... Le gagnant est celui qui réussit le premier à se débarrasser de toutes ses cartes.

20 Vie privée, vie publique

Quand :	à la fin de la leçon 10
Type d'activité :	activité lexicale
Objectifs :	classer et mémoriser ainsi le vocabulaire de la leçon
Contenus :	lexiques de la vie familiale, professionnelle et du logement
Durée :	10 minutes
Modalité :	en tandems ou par groupes de trois
Préparation :	une photocopie par groupe des mots p. 63-64, à photocopier et à découper
Matériel :	une enveloppe par groupe pour ranger les mots découpés

Déroulement

Chaque tandem reçoit un jeu complet de mots et en prend connaissance. Les participants doivent se mettre d'accord sur un critère de classement du vocabulaire proposé (sémantique, grammatical etc.).

Les résultats sont présentés en plénum sans préciser les choix retenus. Le groupe doit alors deviner les critères qui ont présidé au classement des mots. Le groupe décide de retenir ou non les critères de classement.

Bilan 1-10

LEÇONS

21 *facettes*-poursuit

Quand :	à la fin de *facettes 1*
Type d'activité :	jeu de trivial poursuit
Objectifs :	révision complète du premier manuel
Contenus :	vocabulaire, grammaire, phonétique/orthographe, civilisation, dialogue
Durée :	30 à 40 minutes
Modalité :	en équipes de 2 ou 3 joueurs
Préparation :	une photocopie du plan de jeu p. 65 et des fiches questions p. 66-68 par groupe
Matériel :	un dé par groupe, un pion par équipe

Déroulement

Former des équipes de 2 ou 3 joueurs avant de commencer à jouer et des groupes constitués de 2 ou 3 équipes. Chaque groupe reçoit un plan de jeu, 2 ou 3 dés et les fiches-questions qu'il classe par catégories et pose en tas sur la table, texte non visible. Puis chaque équipe choisit un pion.

Les équipes placent leur pion sur la case *DEPART*. La première équipe qui fait un six commence à jouer. Elle relance le dé et déplace son pion du nombre de points indiqué par le dé. Arrivée sur une case, elle doit répondre à une question de la catégorie indiquée sur la case. Les joueurs se concertent et donnent une réponse commune. Pour les dialogues, les joueurs d'une même équipe jouent le dialogue ensemble.

Si la réponse est correcte (= acceptée par le groupe qui en cas de doute peut appeler l'enseignant à l'aide), le pion peut rester sur la case et l'équipe conserve la carte ; elle peut alors rejouer, mais une seule fois seulement.
Si la réponse n'est pas correcte (refusée par le groupe), la carte est remise en jeu sous les autres et c'est à l'équipe suivante de jouer.
Le but du jeu est de posséder le plus de cartes possible et pour chaque catégorie au moins une carte.
Comme pour le trivial poursuit, les pions peuvent se déplacer de droite à gauche ou de gauche à droite pour augmenter les chances de tomber sur les cases utiles.

La case marquée d'un dé signifie que l'on peut rejouer.

Les catégories suivantes ont été retenues :
G = Grammaire
V = Vocabulaire
C = Civilisation
D = Dialogue
P = Phonétique

Il est conseillé de noter la lettre de la catégorie au dos des cartes pour retrouver facilement la catégorie.

Au bout de 30 à 40 minutes, l'enseignant stoppe le jeu ; les joueurs doivent alors rejoindre la case *DEPART*. La première équipe qui y parvient obtient un point supplémentaire.

Décompte des points :
- un point pour avoir atteint le premier la case départ en fin de jeu
- un point par carte obtenue
- un point en moins par catégorie manquante

L'équipe qui totalise le plus de points est gagnante.

1 Retrouvailles *facettes 2*

LEÇON

22 Les autres et moi

Quand :	après l'activité 2 p. 9
Type d'activité :	interview
Objectifs :	re/prendre contact avec le groupe, parler de sa vie professionnelle ou privée, poser des questions
Contenus :	la forme interrogative, quelques verbes pronominaux
Durée :	20 minutes
Modalité :	individuel et en groupe entier
Préparation :	une photocopie par participant de la page 69

Déroulement

Chaque participant reçoit une fiche et doit pour chaque rubrique trouver un autre participant qui réponde au critère noté sur la fiche. Pour cela, il doit se déplacer dans la salle et poser des questions au plus grand nombre de personnes possible. Préciser au début du jeu qu'il s'agit de bien formuler les questions. Lorsqu'il trouve une personne qui correspond au profil recherché, il note le nom de cette personne dans le cadre correspondant et passe au point suivant en s'adressant éventuellement à une autre personne.

Le gagnant est celui qui trouve le plus de personnes correspondant aux critères retenus.

Lorsque le jeu est terminé, les résultats sont présentés en plénum. Répartir la présentation entre les participants : 2 à 3 réponses par participant en fonction de la taille du groupe.

Prolongement possible
Quel est l'élément le plus représenté dans le groupe ?

23 Présentations fantaisistes

Quand :	après les verbes pronominaux p. 11
Type d'activité :	jeu de concentration et de mise en forme
Objectifs :	reprendre contact avec le groupe, systématiser les verbes pronominaux
Contenus :	les verbes pronominaux au présent et au passé composé
Durée :	10 minutes
Modalité :	en groupe entier
Préparation :	une photocopie de la fiche p. 70, à découper

L'embarras du choix 2

Déroulement

Les joueurs sont assis en cercle. Chaque joueur reçoit une carte sur laquelle il inscrit son prénom à l'endroit prévu à cet effet.
Le joueur A se présente au groupe en annonçant son prénom et en intégrant l'élément noté entre parenthèses sur sa fiche. Par exemple : « Je m'appelle Pierre et je me marie le mois prochain. »
Le joueur B prend le relais, répète d'abord les informations données par A – « Il s'appelle Pierre et il se marie le mois prochain. » – et continue en se présentant de la même façon : « Et moi, je m'appelle... »
Le jeu se termine lorsque tous les participants se sont présentés. Si un joueur interrompt la chaîne, il peut demander de l'aide à un autre participant.

Remarque
Si le groupe est grand (16 personnes), il est conseillé de le partager en deux.

LEÇON 2

24 La France au superlatif

Quand :	après le superlatif p. 18
Type d'activité :	puzzle de questions
Objectifs :	revoir le superlatif, approfondir ses connaissances de civilisation
Contenus :	le superlatif, la phrase interrogative, questions de civilisation
Durée :	15 minutes
Modalité :	en tandems et en groupe entier
Préparation :	une photocopie de la fiche p. 71, à découper
Matériel :	une enveloppe par question

Déroulement

Chaque tandem reçoit une enveloppe contenant une question différente, découpée en morceaux. D'abord, il s'agit pour les tandems de retrouver la question en mettant les éléments de la phrase dans l'ordre dans un temps limité à 3 minutes.
On peut donner une question supplémentaire à un tandem qui aurait fini bien avant les autres. L'enseignant va aider les tandems en panne.
Le jeu se poursuit en groupe entier : chaque équipe pose sa question au groupe. Le premier participant qui répond obtient un point.
Le tandem gagnant est celui qui totalise le plus de points.

Solutions
1. Lyon
2. L'alcool
3. La Corse
4. La 2 CV
5. La pétanque
6. Le Louvre
7. Marseille
8. Le Tour de France
9. B. Bardot
10. Zidane
11. Le TGV
12. Avignon

25 Quelle voiture choisir ?

Quand :   après le comparatif p. 19
Type d'activité :   jeu des différences
Objectifs :   exercer le comparatif
Contenus :   décrire des voitures, des personnes et les comparer
Outils :   *il y a plus/moins de..., plus ... que, moins ... que ; confortable, gourmand, cher, sûr, vieux/jeune, sympa, grand, mince, élégant, bon caractère, séduisant, sérieux, long* au comparatif
Durée :   15 minutes
Modalité :   en tandems
Préparation :   une photocopie par tandem de la fiche p. 72

Déroulement

Chaque tandem reçoit une fiche photocopiée des deux dessins. Le jeu se déroule en trois étapes :

1. D'abord, il faut trouver oralement le plus vite possible 8 différences. Les différences peuvent être signalées par une croix sur le dessin.

2. Ensuite, les tandems se regroupent par 2, de façon à former des équipes de 4 personnes, pour comparer leurs résultats. Chaque groupe désigne un secrétaire chargé de noter par écrit les différences en utilisant le comparatif.

3. Enfin chaque équipe présente ses résultats au groupe entier. Le groupe vainqueur est celui qui a obtenu le plus de points : on compte un point par phrase correcte.

LEÇON 3

26 Offrez-lui des fleurs !

Quand :   après les pronoms compléments d'objet indirect p. 27
Type d'activité :   jeu grammatical
Objectifs :   systématiser l'emploi des pronoms compléments d'objet indirect
Contenus :   les pronoms compléments d'objet indirect
Durée :   5 à 10 minutes
Modalité :   en tandems ou par groupes de trois
Préparation :   une photocopie par groupe de la fiche p. 73, à découper
Matériel :   un dé par groupe

Le monde de la communication

LEÇON 3

Déroulement

Chaque groupe reçoit un paquet de cartes *verbes* et un dé. Les cartes *verbes* sont posées en pioche sur la table. A chaque face du dé correspond une forme du pronom :

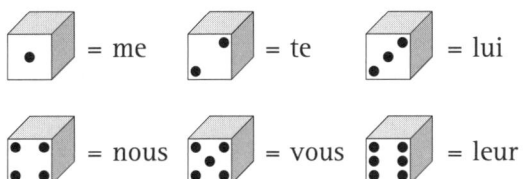

A tour de rôle, les participants lancent le dé et tirent une carte *verbe* : ils doivent alors formuler une phrase contenant le verbe et le pronom à la *personne* indiquée par le dé.
Par exemple : *téléphoner* et un *deux*
= Je te téléphone demain.

Les participants sont invités, en cas d'hésitation, à noter les phrases ou à appeler l'enseignante à l'aide.

27 Oui ! Non ! Oui, mais...

Quand :	à la fin de la leçon 3
Type d'activité :	jeu de rôles
Objectifs :	donner son avis, prendre position, chercher à convaincre, parler de ses habitudes de lecture et d'Internet
Contenus :	débat sur le thème : *Internet un danger pour la lecture ?*
Outils :	*A mon avis... Je pense que... Je trouve que... C'est vrai, mais... D'accord, mais... Bien sûr, mais...*
Durée :	15 à 20 minutes
Modalité :	en groupe de 3 ou 4 personnes
Préparation :	une photocopie par groupe de la fiche p. 74, à découper

Déroulement

Former des groupes de 5 participants et distribuer une fiche par personne. Chaque participant représente un des personnages du jeu de rôles. Pour choisir le rôle, on peut ou laisser le groupe décider ou faire tirer au sort un rôle.
Le rôle du journaliste consiste à ouvrir, ordonner et clore le débat.

Chaque groupe dispose de 10 minutes pour compléter les arguments de sa fiche et préparer son débat avant de le présenter au groupe.
Les rôles suivants ont été retenus : un journaliste, un professeur, un étudiant, un cyberpapy, un élève. Selon la taille du groupe, il est possible de mener le débat sans représenter tous les rôles, garder en tous cas le rôle du journaliste.

LEÇON 4 — Souvenirs, souvenirs...

28 Quand j'avais 12 ans...

Quand :	après l'imparfait p. 33-34
Type d'activité :	jeu de l'oie communicatif
Objectifs :	parler de son enfance
Contenus :	imparfait et vocabulaire de la leçon
Durée :	30 minutes
Modalité :	en groupe de 3 à 4 personnes puis en groupe entier
Préparation :	plan de jeu à photocopier p. 75
Matériel :	1 dé par groupe, 1 pion par joueur

Déroulement

Ce jeu se déroule en deux parties :
1. Jeu de l'oie en mini-groupe de trois ou quatre
2. Communication des résultats en plénum

Il ne s'agit pas d'un jeu de compétition mais de communication.

1. Chaque groupe reçoit un plan de jeu, un dé et autant de pions qu'il compte de joueurs. Avant de commencer la partie, chaque joueur choisit une personne de son groupe qu'il présentera à la fin au groupe entier. Le jeu peut alors commencer. Le premier qui fait un six commence. Il lance le dé et avance son pion en fonction du nombre indiqué par le dé. Le joueur doit alors parler au groupe du thème indiqué sur la case où il se trouve. Le jeu se termine lorsque dans chaque groupe au moins un joueur a atteint la case *ARRIVÉE*.

2. En plénum, chaque participant fait part de quelques informations sur la personne dont il avait choisi de parler au début. Cette deuxième phase permet à l'enseignant de vérifier les résultats.

29 Comment faites-vous... ?

Quand :	après les adverbes de manière p. 35
Type d'activité :	activité lexicale et grammaticale
Objectifs :	définir et caractériser
Contenus :	vocabulaire de la leçon et adverbes de manière
Durée :	15 minutes
Modalité :	individuel, puis en tandems
Préparation :	une photocopie des étiquettes de mots p. 76, à découper

Vivre ses rêves et non rêver sa vie !

LEÇON 5

Déroulement en deux temps

1. A la recherche d'un partenaire
Chaque participant reçoit une « étiquette-mot » et doit, muni de son étiquette, partir à la recherche de son partenaire. Pour cela, il doit définir son mot – sans le montrer ni le nommer –, écouter l'autre définir à son tour le mot de son étiquette et décider de rester avec la personne ou de continuer à chercher un partenaire approprié.
L'enseignant ne précise pas les critères d'appariement, mais précise qu'il peut s'agir de synonymes ou d'antonymes, de catégories grammaticales etc. et donne quelques exemples.
Les participants sont alors le mot écrit sur l'étiquette et peuvent se présenter ainsi par exemple pour les mots :
– livre : *Je suis sur la table. On peut me lire...*
– lecteur : *Je suis une personne. J'aime lire...*

Il est important de faire une démonstration concrète du travail attendu avant de lancer l'activité. Une fois que les participants ont bien compris de quoi il s'agit, l'activité devient très vivante.
En plénum, les participants devront à la fin justifier leur choix en répondant à la question : « Pourquoi êtes-vous ensemble ? »

2. Comment faire... ?
Les tandems ainsi constitués reçoivent une petite fiche sur laquelle sont notés quelques verbes. Il s'agit pour chaque tandem de trouver le plus grand nombre possible d'adverbes de manière pouvant caractériser l'action évoquée par le verbe, en 5 minutes. Préciser en donnant les consignes qu'un adverbe ne peut être utilisé qu'une seule fois. Là-aussi, il convient de donner un exemple : *rouler vite/lentement...*

LEÇON 5

30 Trois vies en désordre

Quand :	après la mise en relief par *c'est... qui/c'est... que* p. 44
Type d'activité :	textes-puzzles
Objectifs :	exercer la compréhension écrite et la lecture, se situer dans le passé
Contenus :	imparfait, passé composé, la mise en valeur *c'est... que*
Durée :	10 minutes
Modalité :	en tandems
Préparation :	une photocopie par tandem de la fiche p. 77-78, à découper
Matériel :	mettre les morceaux des textes dans une enveloppe

Déroulement

L'enseignant partage le groupe entier en tandems puis note au tableau le nom des trois personnes dont il est question dans les 3 biographies :

   Jean   Annie   Armand

Chaque tandem choisit une de ces trois personnes. L'enseignant remet alors aux tandems une enveloppe contenant la totalité des trois textes.
A partir de ces morceaux de textes mélangés, le tandem doit reconstituer la biographie (en quatre parties) de la personne qu'il a choisie : enfance, formation, vie professionnelle, fin de vie.
Lorsque le texte est complètement recomposé, le tandem en prépare la lecture qu'il présentera ensuite au reste du groupe.

Prolongement possible
On peut prévoir des lectures différentes : à voix-basse, très fort, très lentement, très vite... en avertir les participants bien sûr lorsqu'ils préparent leur lecture.

31 Pourquoi ? Parce que...

Quand :	après « imparfait ou passé composé ? » p. 42 et l'activité 13 p. 45
Type d'activité :	écriture dirigée et créativité
Objectifs :	systématiser l'emploi des temps du passé
Contenus :	imparfait, passé composé
Durée :	20 minutes
Modalité :	en tandems, puis en groupe entier
Préparation :	une photocopie de la fiche p. 79, à découper

Déroulement

Chaque tandem reçoit une ou deux fiches (selon la taille et le niveau du groupe) et doit dans un premier temps transposer le texte au passé. Préciser qu'il s'agit dans cette première partie de faire attention à l'utilisation du passé composé et de l'imparfait.
L'enseignant circule dans les groupes pour vérifier les textes produits.
Puis, chaque tandem doit répondre à la question notée sur la fiche *POURQUOI?*, c'est-à-dire noter en 5 minutes le plus d'explications possible à la situation décrite sur sa fiche.
Au bout de 5 minutes, l'enseignant stoppe et on passe à la troisième phase de l'activité : la présentation des résultats au groupe.

La présentation se fait de la façon suivante : un tandem présente au groupe le texte qu'il a rédigé au passé, à la suite de quoi les autres participants peuvent énumérer quelques raisons possibles (2 à 3 raisons maximum).
Si un participant du groupe trouve une des raisons notées par le tandem, il marque un point. Inversement le tandem obtient un point si le groupe ne devine aucune de ses explications. Le tandem gagnant est celui qui, en fin de jeu, totalisera le plus de points.

Prolongement possible
On peut faire trouver un titre à l'histoire complétée.

BILAN LEÇONS 1-5

32 Tour d'horizon

Quand :	à la fin de la leçon 5
Type d'activité :	jeu de l'oie
Objectifs :	révision des leçons 1 à 5
Contenus :	grammaire et vocabulaire des premières leçons
Durée :	20 minutes
Modalité :	en groupes de 2 à 4 joueurs
Préparation :	une photocopie par groupe du plan de jeu p. 80
Matériel :	un dé par groupe et autant de pions que de joueurs

L'argent fait-il le bonheur ? 6 LEÇON

Déroulement

Distribuer un jeu, un dé par groupe et un pion de couleur différente par joueur.
Tous les joueurs placent leur pion sur la case *DEPART*. C'est le joueur le plus jeune qui commence : il lance le dé et avance son pion du nombre de points indiqué par le dé. Il doit pour pouvoir rester sur la case sur laquelle il arrive résoudre le « problème » qui y est posé.

S'il ne répond pas correctement, il recule d'une case.
Le gagnant est celui qui atteint le premier la case *BRAVO*.
La case comportant un point d'interrogation signifie que la question est libre : le participant pose la question de son choix à qui il veut.

LEÇON 6

33 La cigale et la fourmi

Quand :	après les points 1 et 2 p. 51-52
Type d'activité :	description et dialogue guidé
Objectifs :	décrire un comportement : reproches et justifications
Contenus :	l'argent et le comportement face à l'argent
Durée :	15 minutes
Modalité :	en tandems
Préparation :	une photocopie par tandem de la fiche p. 81, à découper

Déroulement

Chaque tandem reçoit la totalité des cartes qui sont réparties entre les joueurs de la façon suivante : le participant A reçoit les cartes *cigales* et le participant B les cartes *fourmi*. L'activité se déroule en deux temps.
Première partie : à une carte *cigale* correspond une et une seule carte *fourmi*. Le but est de reconstituer, en les décrivant les paires. C'est le joueur qui a les cartes *cigale* qui commence. Il pose sur la table une carte de son choix en la commentant *(Il est 9h30 et la cigale est au lit)*. Son partenaire, qui a les cartes *fourmi* pose alors la carte correspondant

à celle posée sur la table en la commentant également *(Il est 9h30, la fourmi fait le ménage)*.
Lorsque toutes les paires ont été réunies sur la table, on passe à la deuxième partie de l'activité : faites parler ces deux animaux ! Chaque participant choisit un des deux rôles *fourmi* ou *cigale* et les tandems doivent imaginer un mini-dialogue à partir des situations concrètes représentées sur les cartes. Par exemple, la fourmi dit à la cigale : « Il est 9h30 et tu es encore au lit. Et ton travail ? » et la cigale peut répondre : « Toi, tu es toujours en train de travailler ! »

34 *En* ou *y*, il faut choisir !

Quand : après les pronoms p. 56
Type d'activité : questions/réponses
Objectifs : systématiser l'emploi des pronoms *en* et *y*
Contenus : les pronoms *en* et *y*, vocabulaire de la leçon
Durée : 15 minutes
Modalité : deux groupes
Préparation : une photocopie de la fiche p. 82

Déroulement

Faire deux équipes. Les fiches sont posées en pioche sur le bureau de l'enseignant.
A tour de rôle, chaque participant de chaque équipe tire une question qu'il pose à un membre de l'équipe adverse lequel doit répondre en utilisant le pronom *en* ou *y*.
Si la réponse est bonne, l'équipe marque un point.

Consigne supplémentaire
On ne peut s'adresser deux fois au même participant avant que chaque membre d'une équipe n'ait été sollicité une fois au moins. L'équipe qui n'observe pas cette consigne, perd un point.
Le groupe gagnant est celui qui, à la fin du jeu, totalise le plus de points.

LEÇON 7

35 Où est passé... ?

Quand : après l'activité 3 p. 61
Type d'activité : jeu de kim
Objectifs : mémoriser le vocabulaire
Contenus : les noms d'animaux
Durée : 10 minutes
Modalité : en groupe de 2 à 4
Préparation : une photocopie par joueur de la fiche p. 83, à découper (collés sur un carton, les cartes *noms d'animaux* seront plus solides)

Nos amies, les bêtes

LEÇON 7

Déroulement

Chaque participant reçoit une grille dont les cases sont numérotées de 1 à 24 et une série de 15 cartes-mots.
Le joueur A place 4 mots sur différentes cases de la grille. Les autres joueurs ont 30 secondes (ou plus) pour mémoriser les mots et leur emplacement sur la grille.
Puis le joueur A recouvre sa grille (sans déplacer les mots) et les autres joueurs disposent d'une minute pour placer sur leur grille au même endroit les 4 mots choisis par A.

Pour vérifier, il suffit que le joueur A découvre sa grille. Les autres joueurs obtiennent un point par mot bien placé. Chaque participant passe trois fois et on ajoute à chaque nouveau passage un mot supplémentaire. On a donc, au troisième tour 6 mots à retrouver. Le gagnant est celui qui aura obtenu à la fin du jeu le plus de points.

Remarque
Intégrés dans une histoire les mots sont plus faciles à mémoriser.

36 Avec des *si*...

Quand :	après la phrase conditionnelle p. 66
Type d'activité :	activité grammaticale et créativité
Objectifs :	formuler des hypothèses, parler de ses rêves
Contenus :	*si* + imparfait, ... conditionnel, vocabulaire de la leçon
Durée :	15 minutes
Modalité :	en tandems
Préparation :	une photocopie par tandem de la fiche p. 84

Déroulement

Chaque groupe reçoit une fiche photocopiée. Il s'agit en 10 minutes de compléter les phrases en y ajoutant un début ou une fin selon le cas.
Annoncer au début du jeu que les résultats seront à la fin présentés au groupe, lequel choisira pour chaque série la « meilleure » phrase en justifiant son choix (la plus poétique, la plus drôle, la plus correcte, la plus originale etc.). Le tandem dont la phrase aura été retenue obtiendra un point.
Le groupe gagnant est celui qui obtient le plus de points.

LEÇON 8 — Vivre mieux, c'est l'affaire de chacun

37 Les joies du dictionnaire

Quand :	après l'activité 1 p. 72-73 et le jeu du Tour de France p. 78
Type d'activité :	production écrite guidée
Objectifs :	manipulation ludique de la langue, lecture, compréhension, mémorisation du vocabulaire
Contenus :	vocabulaire de la leçon, mots, définitions, pronoms relatifs
Durée :	15 minutes
Modalité :	en tandems
Préparation :	une photocopie par tandem de la fiche p. 85

Déroulement

Cette activité se déroule en deux parties.

1. Chaque tandem reçoit une fiche de travail et doit retrouver les mots correspondant à la définition. Donner un exemple avant de commencer l'activité.
Chaque tandem reçoit un point par mot trouvé. Le tandem qui a terminé le premier obtient un point supplémentaire.

2. Puis les tandems passent à la production de textes suivant le même procédé. Les textes seront ensuite lus, uniquement avec les définitions, aux autres participants qui devront le plus vite possible retrouver le mot correspondant à la définition. Le participant qui donne la bonne réponse en premier obtient un point.

Exemple de production authentique
Je vais faire une promenade avec mon _____ (animal à poils et qui aboie) dans la _____ (lieu avec beaucoup d'arbres).

38 Histoire de vélos

Quand :	après les indicateurs temporels p. 74-75
Type d'activité :	texte-puzzle
Objectifs :	se situer dans le temps, parler de ses moyens de locomotion
Contenus :	les indicateurs temporels et les temps du passé, vocabulaire du vélo
Durée :	10 minutes
Modalité :	en tandems
Préparation :	une photocopie par tandem de la fiche p. 86, à découper
Matériel :	une enveloppe par tandem pour y mettre le puzzle

Pleine forme

LEÇON 9

Déroulement

Chaque tandem reçoit une enveloppe. Il s'agit alors de reconstituer le texte dans sa chronologie puis de le lire.
Lorsque les groupes ont terminé ce premier travail, le texte est lu en groupe entier : pour cela, chaque participant lit une phrase à voix-haute.

Prolongement

Chaque participant choisit un passage (une ou deux phrases) qu'il doit mémoriser pour procéder à la fin de l'activité à une récitation commune du texte. Les phrases du texte sont numérotées de façon à mieux distribuer les passages à mémoriser.

Remarque

Il est important d'adapter la taille des passages à lire à la taille du groupe : chaque participant doit avoir quelque chose à lire et à apprendre. Préparer les doses en fonction du niveau de chaque participant.

Autre prolongement possible

Demander aux participants de raconter leurs propres souvenirs de vélo.

LEÇON 9

39 Docteur, faites quelque chose !

Quand :	après *Le sport, c'est la santé ?* p. 81 et le subjonctif p. 87
Type d'activité :	dialogue guidé, jeu de rôles et débat
Objectifs :	parler de ses problèmes de santé, se justifier, donner des conseils, exprimer un jugement, argumenter
Contenus :	sport et santé, le subjonctif présent, l'impératif
Durée :	20 minutes
Modalité :	en tandems
Préparation :	une photocopie par tandem du dialogue guidé p. 87-88

Déroulement

Chaque tandem reçoit une fiche photocopiée. Dans chaque groupe, on désigne un secrétaire qui sera chargé d'écrire le texte du dialogue. Les mots proposés doivent tous être utilisés. Le dialogue présente deux variantes. La scène commence de la même façon, mais se termine différemment, le médecin ne prescrivant pas le même remède.

Distribuer les deux variantes dans le groupe afin de préparer la discussion finale.

Prolongement possible

Lorsque les dialogues ont été écrits et présentés au groupe, on peut engager une petite discussion sur les types de médecine que l'on préfère.

40   Attention relaxation !

Quand :	après l'activité 1 p. 82
Type d'activité :	BD-puzzle oral
Objectifs :	décrire un dessin, raconter une histoire : réception/production
Contenus :	stress et relaxation, vie quotidienne et loisirs
Durée :	20 minutes
Modalité :	en groupe entier
Préparation :	une photocopie de la fiche p. 89, à découper

Déroulement

Chaque participant reçoit un dessin (un seul). Le groupe doit alors reconstruire oralement l'histoire complète et en retrouver la chronologie.

Pour cela un premier participant (choisi au hasard ou volontaire) se place face au groupe et décrit son dessin en utilisant le présent. Le participant qui croit avoir le dessin qui précède ou qui suit se lève à son tour, se place à gauche (dessin précédent) ou à droite (dessin suivant) du premier participant et décrit à son tour son dessin au groupe. On procède ainsi jusqu'à ce que l'histoire ait été complètement reconstruite.

A la fin et pour répondre à la dernière question « Mais qu'est-ce que tu as fait aujourd'hui pour être fatiguée comme ça ? » le groupe entier reprend toute l'histoire à la première personne (transfert) et au passé composé.

Remarque

Il est possible de raccourcir l'histoire (en supprimant quelques dessins) pour l'adapter à la taille du groupe.

Si le groupe n'est pas assez grand, on peut donner 2 dessins à quelques participants, mais deux dessins qui se suivent chronologiquement, car un participant qui a trouvé sa place ne peut plus en changer.

LEÇON 10

41   Champion d'Europe

Quand :	après l'activité 2 p. 93
Type d'activité :	quiz
Objectifs :	connaître les pays d'Europe, formuler des questions
Contenus :	les pays européens, les adjectifs de nationalités, la forme interrogative, le superlatif
Outils :	*Citez... Comment s'appelle... ? Quel/le est... ?*
Durée :	30 minutes
Modalité :	en tandems et en groupe entier
Préparation :	une photocopie de la fiche p. 90, à découper

Demain, l'Europe

LEÇON 10

Déroulement

Chaque tandem reçoit une fiche ou deux.

Chaque fiche contient une information sur un pays d'Europe. Les tandems doivent à partir de leur fiche formuler une question qui sera ensuite posée à l'ensemble du groupe.

L'élément en italique devrait apparaître dans la réponse.

Donner un exemple et quelques expressions utiles (cf. *Outils*) avant de commencer :

Paris est la capitale de la France. → *Quelle est la capitale de la France ?*

Le premier participant qui donne la réponse exacte marque un point pour son équipe. Le tandem gagnant est celui qui marque le plus de points.

42   Chez la voyante

Quand :	après le futur simple p. 97-98
Type d'activité :	jeu de rôles
Objectifs :	parler de l'avenir
Contenus :	le futur simple
Durée :	15 minutes
Modalité :	en tandems ou en groupes de trois
Préparation :	3 fiches à photocopier p. 91-93 par tandem ; découper les cartes p. 93

Déroulement

Former les tandems et distribuer le matériel. Chaque membre du groupe sera à tour de rôle voyant et client.
La voyante mélange les cartes, fait couper le client et étale 4 rangées de 6 cartes sur la table, de façon à ce que les numéros soient visibles.
Avant de pouvoir commencer à prédire l'avenir, il faut chercher à réunir les cartes qui peuvent aller ensemble : pour cela, il s'agit de mettre côte à côte le plus de numéros semblables possible. Les cartes peuvent pivoter dans tous les sens, mais ne peuvent être déplacées.
Pour chaque paire, il y a deux possibilités de lecture, horizontale et verticale (voir les exemples p. 36).

La lecture horizontale correspond au numéro 1 de la fiche de divination.

La lecture verticale correspond au numéro 2 de la fiche de divination.

Seules les cartes qui réunissent 2 numéros semblables sont prises en compte par le (la) voyant(e), qui consulte alors sa fiche de divination (en tenant bien compte de la position des cartes) et forme des phrases au futur.

Prolongement possible en plénum
On peut demander aux participants de reprendre quelques éléments évoqués par le voyant pour exercer le transfert du *vous* au *je*.

Exemple 1 : lecture horizontale

Exemple 2 : lecture verticale

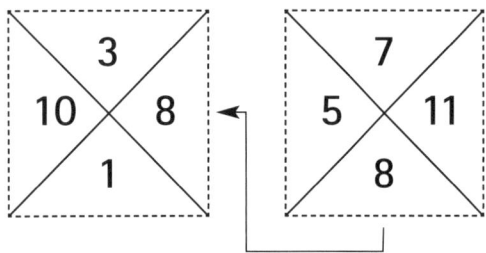

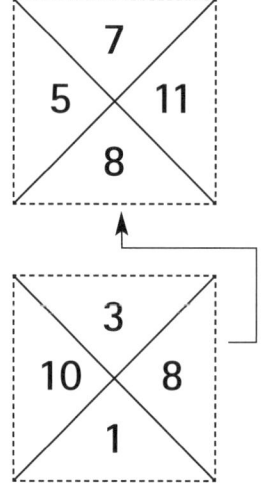

Faire pivoter la deuxième carte de façon à amener les deux 8 côte à côte.
Le participant dans le rôle de la voyante formera une phrase au futur à partir du n° 8.1 : *Vous n'aurez pas de problèmes et vivrez simplement.*

Il existe aussi une lecture verticale des paires quand les deux cartes sont l'une au-dessus de l'autre.
Dans ce cas le participant forme une phrase à partir du n° 8.2 : *Vous marcherez sur des routes larges et droites et trouverez le bonheur.*

BILAN LEÇONS 1-10

43 *facettes*-poursuit

Quand :	à la fin de *facettes 2*
Type d'activité :	jeu de trivial poursuit
Objectifs :	révision complète de *facettes 2*
Contenus :	vocabulaire, grammaire, phonétique/orthographe, civilisation, dialogue
Durée :	30 minutes
Modalité :	en équipes de 2 ou 3 joueurs
Préparation :	1 photocopie du plan de jeu p. 65 et des fiches-questions p. 94-96 par groupe
Matériel :	1 dé par groupe et 1 pion par équipe

Déroulement

Ce jeu se déroule de la même façon que l'activité 21, se reporter à la page 21.

Photocopier le plan de jeu p. 65 et les fiches questions p. 94-96.

FICHES PHOTOCOPIABLES

1 On fait connaissance !

1	2	3	4
5	6	7	8
9	10	11	12
1a	2a	3a	4a

Moi aussi ! 2

Paul/e MAIGRET notaire 2, boulevard Voltaire 35 000 RENNES	**Camille CASTELLA** photographe 12, rue des Lilas 35 000 RENNES	**Suzanne MARTIN** dentiste 9, place de la République 76 000 ROUEN
		Robert/e MARTIN professeur 3, rue de Paris 59 000 LILLE
Louis/e BIGOUDI journaliste 8, cours de la Marne 33 000 BORDEAUX	**Dominique GIROUX** bibliothécaire 5, rue de Grassi 33 000 BORDEAUX	**Nicolas BODRY** coiffeur 3, rue de Provence 13 000 MARSEILLE
		Sylvie DUBOIS secrétaire de direction 9, place de la République 13 000 MARSEILLE
Christine DUPRÈ ingénieur 8, rue du Nord 68 000 COLMAR	**Pascal/e RENAUD** ingénieur 8, rue Emile Zola 06 000 NICE	**Marie DUCHEMIN** fleuriste 3, rue Victor Hugo 31 000 TOULOUSE
		Sophie MOSER secrétaire 11, rue Victor Hugo 44 000 NANTES
René/e DUJARDIN masseur 9, rue de Genève 35 000 GRENOBLE	**Claude DUJARDIN** biologiste 37, rue de Rome 75 008 PARIS	**Pierre THOMAS** reporter 15, place Stanislas 21 000 DIJON
		Yvonne COUTELLE actrice 27, rue des Tanneurs 21 000 DIJON
François/e LEGRAND architecte 12, rue Marie Curie 69 000 LYON	**Julie BARRIOT** architecte 17, place Kleber 67 000 STRASBOURG	**Sylvie DUBOIS** architecte 4, place Jaude 63 000 CLERMONT-FERRAND

Leçon 2

3 J'épelle, tu épelles...

A	B	C	D
E	F	G	H
I	J	K	L
M	N	O	P
Q	R	S	T
U	V	W	X
Y	Z	É	E

J'épelle, tu épelles... 3

journaliste	salut	France	bise
hystérique	dynamique	monsieur	idée
place	rue	Marie	café
triste	merci	médecin	Québec

Leçon 2

4 J'aime, je n'aime pas... Et toi ?

Leçon 3

Dominos des verbes réguliers 5

détestez	je	cherche	tu	cherches	il
cherche	nous	cherchons	vous	cherchez	elles
cherchent	j'	aime	tu	aimes	elle
aime	nous	aimons	vous	aimez	ils
aiment	je	parle	tu	parles	elle
parle	nous	parlons	vous	parlez	ils
parlent	j'	habite	tu	habites	il
habite	nous	habitons	vous	habitez	elles
habitent	je	déteste	tu	détestes	nous
détestons	vous	détestez	elles	détestent	vous

Leçon 3

6 Perdu en ville...

A Excusez-moi, je cherche...
- la Place Marie Curie
- le musée Picasso
- la rue Victor Hugo
- le restaurant « Chez Marcel »

Perdu en ville... 6

(map of the town showing: GARE SNCF with ARRIVÉES and DÉPARTS on AVENUE DE LA GARE, POSTE, CAFÉ, CAFÉ DE FLORE, L'OPÉRA, BOULEVARD VOLTAIRE, NOTRE-DAME, PLACE DE LA RÉPUBLIQUE, MAIRIE, BUS, AVENUE GAMBETA, MUSÉE PICASSO, RUE DE LA LIBÉRATION, RUE DES ROSIERS, RUE VICTOR HUGO, RUE DE LILLE, CHEZ MARCEL, RESTAURANT CHEZ MARCEL, AVENUE DU GÉNÉRAL DE GAULLE, PLACE MARIE CURIE)

B Excusez-moi, je cherche...
- l'Hôtel de France
- le cinéma Rex
- l'hôpital
- le théâtre

7 Sur le canapé, il y a...

A

B

Sur le canapé, il y a...

Je voudrais... 8

MARCHÉ	MARCHÉ	MARCHÉ	MARCHÉ
3 bananes ? une livre de raisin ? une salade ?	1 kilo de tomates ? une livre de raisin ? une salade ?	1 kilo de tomates ? 3 bananes ? une salade ?	1 kilo de tomates ? 3 bananes ? une livre de raisin ?
1 kilo de tomates	**3 bananes**	**une livre de raisin**	**une salade**

BAR-TABAC	BAR-TABAC	BAR-TABAC	BAR-TABAC

une carte postale ?
un timbre à...
  ...46 centimes ?
une télécarte ?
	des cigarettes ?
	un timbre à...
	  ...46 centimes ?
	une télécarte ?
		des cigarettes ?
		une carte postale ?
		une télécarte ?
			des cigarettes ?
			une carte postale ?
			un timbre à...
			  ...46 centimes ?

des cigarettes	**une carte postale**	**un timbre à... ...46 centimes**	**une télécarte**

BOULANGERIE	BOULANGERIE	BOULANGERIE	BOULANGERIE
1 paquet de biscuits ? des bonbons ? 1 baguette ?	2 croissants ? des bonbons ? 1 baguette ?	2 croissants ? 1 paquet de biscuits ? 1 baguette ?	2 croissants ? 1 paquet de biscuits ? des bonbons ?
2 croissants	**1 paquet de biscuits**	**des bonbons**	**1 baguette**

SUPERMARCHÉ	SUPERMARCHÉ	SUPERMARCHÉ	SUPERMARCHÉ
1 pot de confiture ? du lait ? 1 litre de vin ?	de l'eau minérale ? du lait ? 1 litre de vin ?	de l'eau minérale ? 1 pot de confiture ? 1 litre de vin ?	de l'eau minérale ? 1 pot de confiture ? du lait ?
de l'eau minérale	**1 pot de confiture**	**du lait**	**1 litre de vin**

Leçon 5

9 Loto des nombres

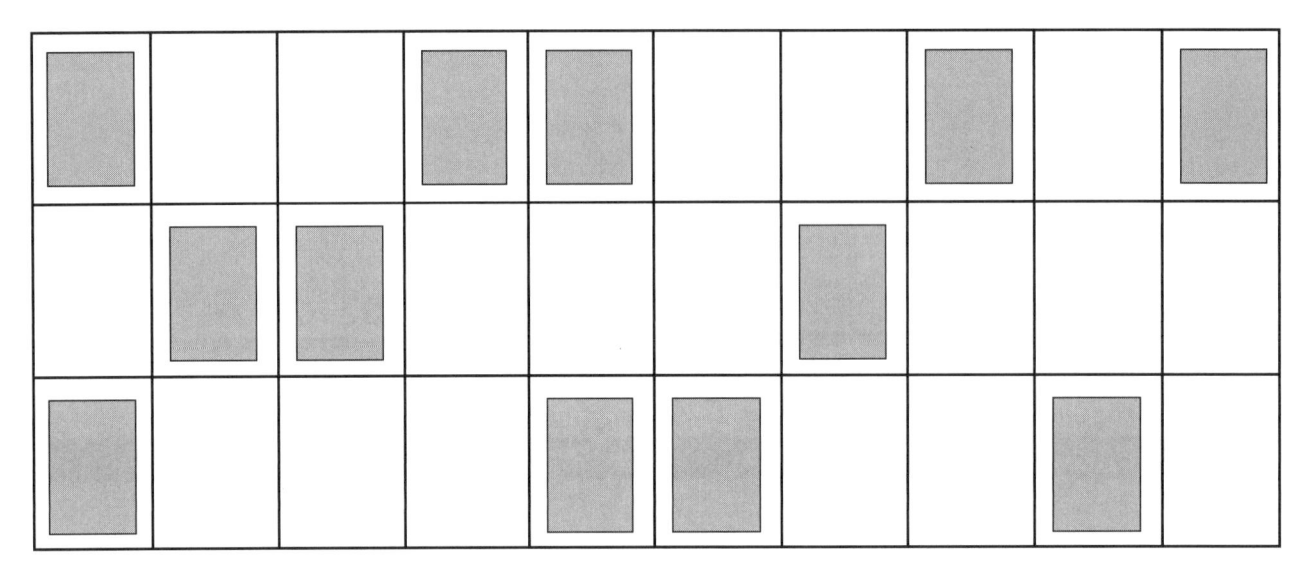

A

B

0	10	20	30	40	50	60	70	80	90
1	11	21	31	41	51	61	71	81	91
2	12	22	32	42	52	62	72	82	92
3	13	23	33	43	53	63	73	83	93
4	14	24	34	44	54	64	74	84	94
5	15	25	35	45	55	65	75	85	95
6	16	26	36	46	56	66	76	86	96
7	17	27	37	47	57	67	77	87	97
8	18	28	38	48	58	68	78	88	98
9	19	29	39	49	59	69	79	89	99

Emplois du temps **10**

A

Vous téléphonez à votre ami pendant les vacances pour prendre rendez-vous. Vous cherchez un moment libre dans votre emploi du temps. Le week-end est réservé à la famille.

Heures	lundi	mardi	mercredi	jeudi	vendredi
9.00–10.00	faire les courses	méditation	randonnée	faire les courses	jouer au tennis
10.00–12.00	poterie	dessiner			
12.00–14.00	faire la cuisine	apéritif avec des amis	manger un sandwich	restaurant	déjeuner à la maison
14.00–16.00	sieste		sieste		rendez-vous avec Pierre
16.00–18.00		aquarelle			prendre le train

--- ✂ ---

B

Votre ami vous téléphone pour vous rencontrer pendant les vacances. Vous cherchez un moment libre dans votre emploi du temps. Quand pouvez-vous voir votre ami(e)?

Heures	lundi	mardi	mercredi	jeudi	vendredi
9.00–10.00	méditation	yoga	faire les courses	tour en VTT	jouer au football
10.00–12.00		dessiner	jouer au tennis		
12.00–14.00	restaurant	restaurant	apéritif	manger un sandwich	
14.00–16.00	relaxation		sieste		rencontrer des amis
16.00–18.00	aquarelle		rendez-vous avec Annie		

Leçon 6

11 Qu'est-ce qu'il fait dans la vie ?

Journaliste		...ste
Dessinatrice	Mu...	...axi
Coiffeur	Danseuse	Vendeur
Avocate	Boulangère	Actrice
Serveur	Médecin	Photographe
Informaticien	Dentiste	?

Tour d'horizon 12

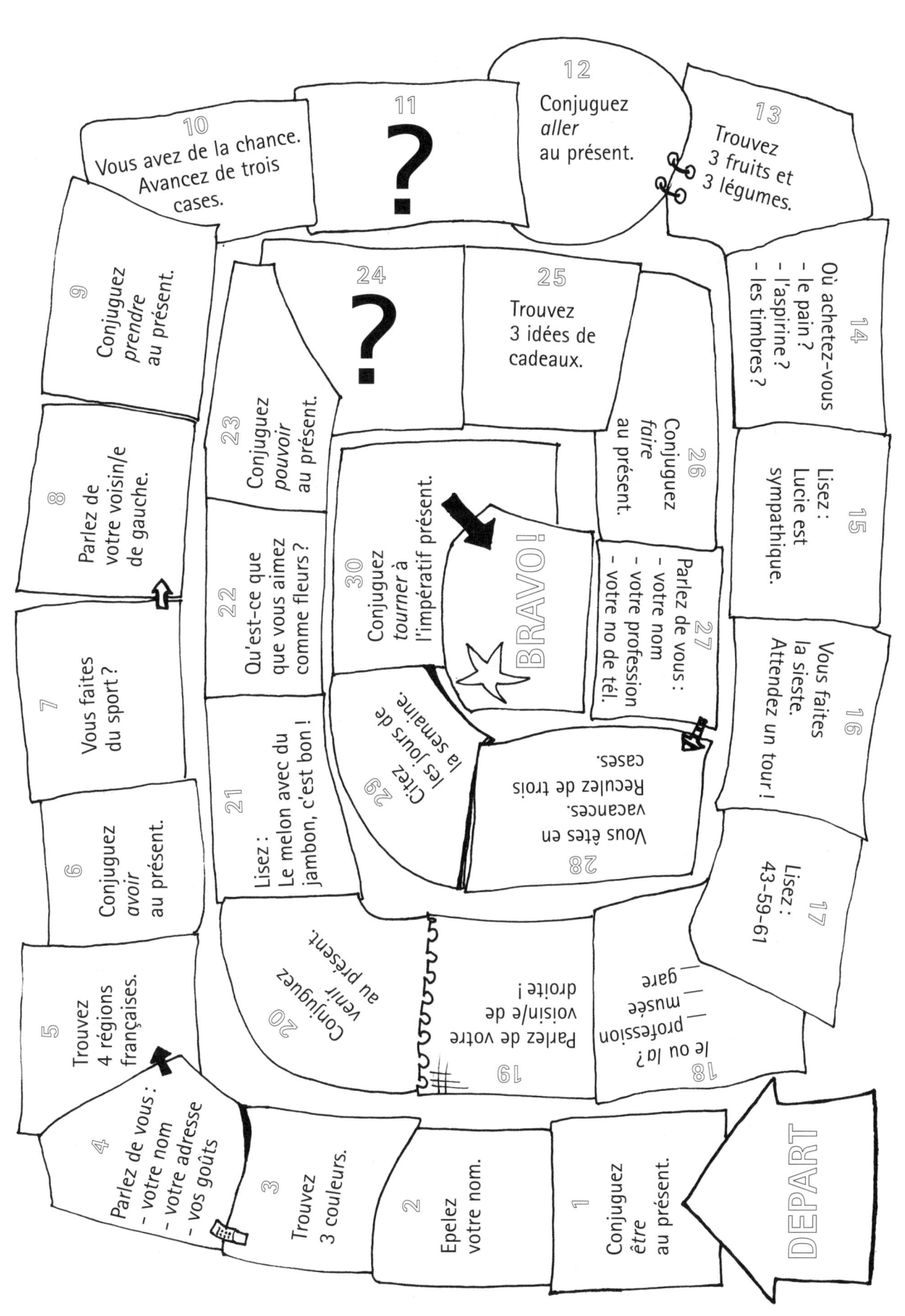

DÉPART

1. Conjuguez *être* au présent.
2. Epelez votre nom.
3. Trouvez 3 couleurs.
4. Parlez de vous :
   - votre nom
   - votre adresse
   - vos goûts
5. Trouvez 4 régions françaises.
6. Conjuguez *avoir* au présent.
7. Vous faites du sport ?
8. Parlez de votre voisin/e de gauche.
9. Conjuguez *prendre* au présent.
10. Vous avez de la chance. Avancez de trois cases.
11. ?
12. Conjuguez *aller* au présent.
13. Trouvez 3 fruits et 3 légumes.
14. Où achetez-vous
    - le pain ?
    - l'aspirine ?
    - les timbres ?
15. Lisez : Lucie est sympathique.
16. Vous faites la sieste. Attendez un tour !
17. Lisez : 43-59-61
18. le ou la ?
    - profession
    - musée
    - gare
19. Parlez de votre voisin/e de droite !
20. Conjuguez *venir* au présent.
21. Lisez : Le melon avec du jambon, c'est bon !
22. Qu'est-ce que vous aimez comme fleurs ?
23. Conjuguez *pouvoir* au présent.
24. ?
25. Trouvez 3 idées de cadeaux.
26. Conjuguez *faire* au présent.
27. Parlez de vous :
    - votre nom
    - votre profession
    - votre no de tél.
28. Vous êtes en vacances. Reculez de trois cases.
29. Citez les jours de la semaine.
30. Conjuguez *tourner* à l'impératif présent.

BRAVO !

13 Après la pluie, le beau temps !

Je suis allé(e)... 14

naître	mourir	arriver	partir
descendre	monter	aller	venir
revenir	entrer	rentrer	tomber
rester	passer	sortir	ne pas aller
ne pas rester	ne pas arriver	ne pas venir	ne pas partir

15 Qu'est-ce que vous avez fait ?

préférer le théâtre antique d'Orange	rencontrer des gens sympas	faire de la randonnée
ne pas aller au bord de la mer	faire les courses au marché	ne pas habiter dans un hôtel

Leçon 8

Qu'est-ce que vous avez fait ? **15**

aller en...	partir le...	prendre un train
PROVENCE — Nice, Marseille	Juin 6	

| visiter un petit village | voir un champs de lavande | rester dans l'arrière-pays |

| faire du camping | visiter le théâtre antique | danser sur le pont d'Avignon |

| rester... | rentrer le... | ne pas prendre la voiture |
| | Juin 20 | |

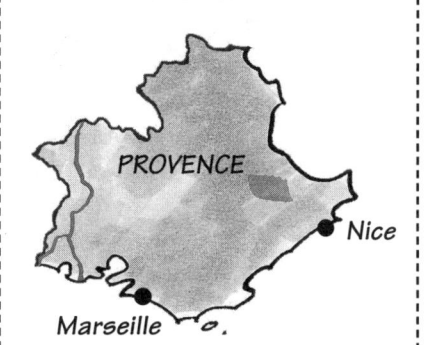

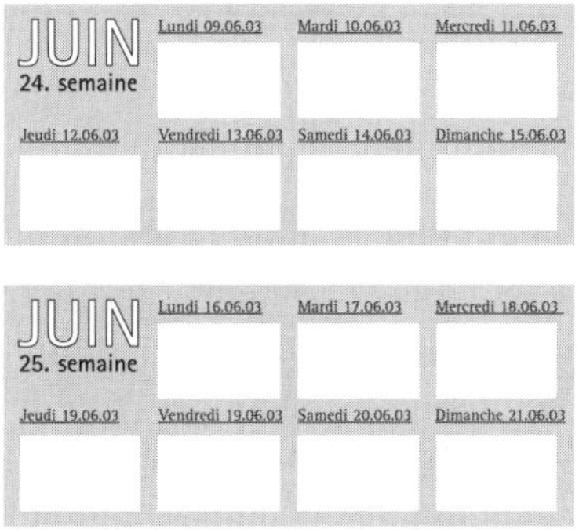

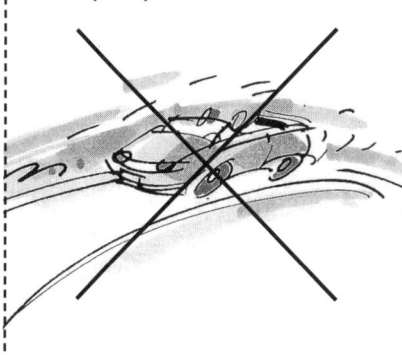

Leçon 8

16 Mon, ton, son... ?

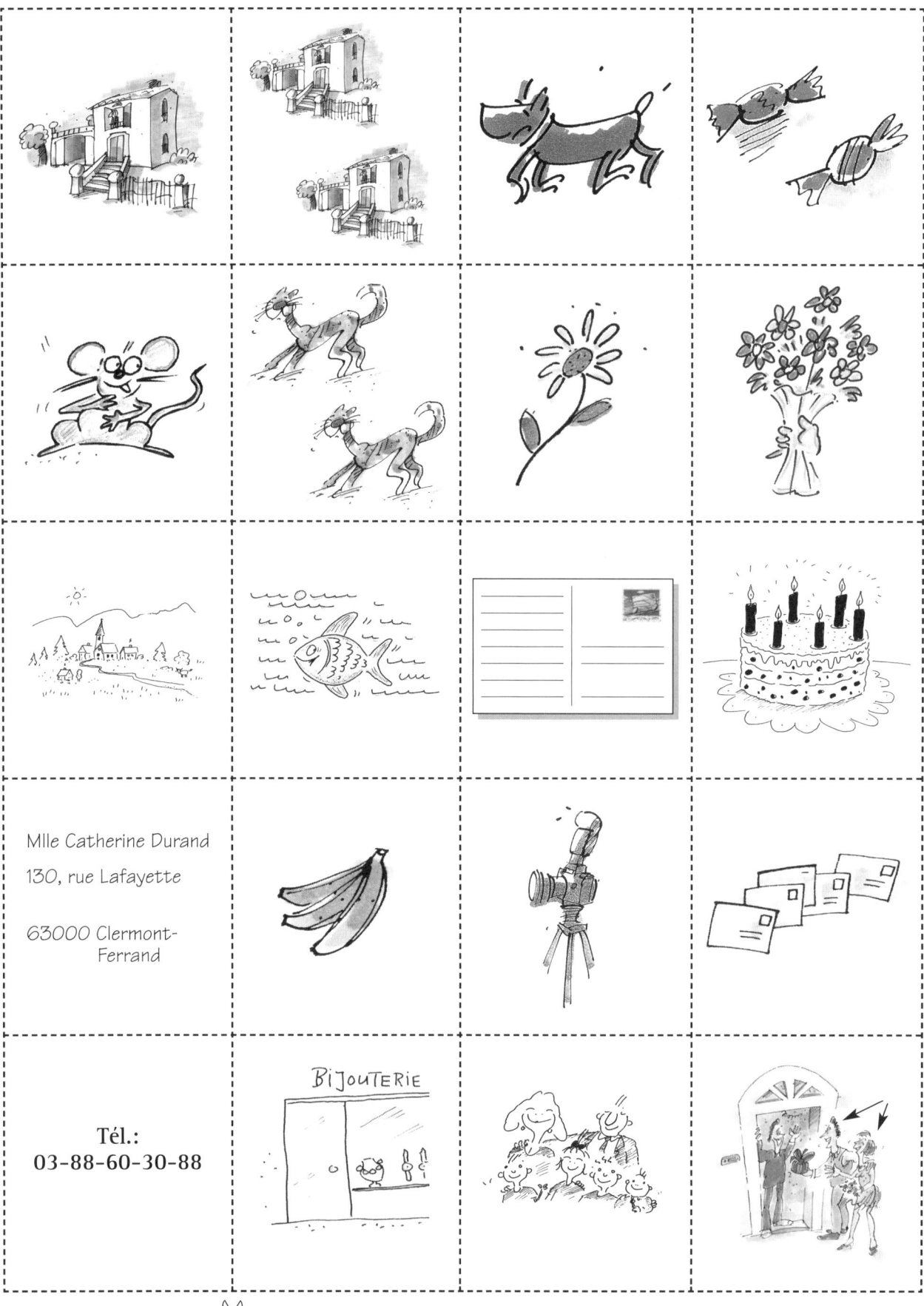

Qu'est-ce que vous prenez… ? 17

MENU 1
saumon à l'oseille ?
frites ?
crème caramel ?
1 quart de rouge ?
6 huîtres

MENU 1
6 huîtres ?
frites ?
crème caramel ?
1 quart de rouge ?
saumon à l'oseille

MENU 1
saumon à l'oseille ?
3 bananes ?
crème caramel ?
1 quart de rouge ?
frites

MENU 1
saumon à l'oseille ?
frites ?
une livre de raisin ?
1 quart de rouge ?
crème caramel

MENU 1
saumon à l'oseille ?
frites ?
crème caramel ?
6 huîtres ?
1 quart de rouge

MENU 2
lotte à l'armoricaine ?
pâtes ?
tarte Tatin ?
eau minérale ?
avocat

MENU 2
avocat ?
pâtes ?
tarte Tatin ?
eau minérale ?
lotte à l'armoricaine

MENU 2
avocat ?
lotte à l'armoricaine ?
tarte Tatin ?
eau minérale ?
pâtes

MENU 2
avocat ?
lotte à l'armoricaine ?
pâtes ?
eau minérale ?
tarte Tatin

MENU 2
avocat ?
lotte à l'armoricaine ?
pâtes ?
tarte Tatin ?
eau minérale

MENU 3
vin blanc ?
gigot d'agneau ?
riz ?
salade de fruits ?
crevettes

MENU 3
crevettes ?
vin blanc ?
riz ?
salade de fruits ?
gigot d'agneau

MENU 3
crevettes ?
gigot d'agneau ?
vin blanc ?
salade de fruits ?
riz

MENU 3
crevettes ?
gigot d'agneau ?
riz ?
vin blanc ?
salade de fruits

MENU 3
crevettes ?
gigot d'agneau ?
riz ?
salade de fruits ?
vin blanc

Leçon 9

17 Qu'est-ce que vous prenez… ?

MENU 4	**MENU 4**	**MENU 4**	**MENU 4**
lapin à la moutarde ? courgettes ? sorbet cassis ? jus d'orange ?	terrine de canard ? courgettes ? sorbet cassis ? jus d'orange ?	lapin à la moutarde ? 3 bananes ? sorbet cassis ? jus d'orange ?	terrine de canard ? lapin à la moutarde ? courgettes ? jus d'orange ?
terrine de canard	lapin à la moutarde	courgettes	sorbet cassis

MENU 4	**MENU 5**	**MENU 5**	**MENU 5**
terrine de canard ? lapin à la moutarde ? courgettes ? sorbet cassis ?	café ? canard aux olives ? pommes de terre ? sorbet citron ?	omelette aux truffes ? pommes de terre ? sorbet citron ? café ?	canard aux olives ? omelette aux truffes ? sorbet citron ? café ?
jus d'orange	omelette aux truffes	canard aux olives	pommes de terre

MENU 5	**MENU 5**
canard aux olives ? pommes de terre ? omelette aux truffes ? café ?	omelette aux truffes ? canard aux olives ? pommes de terre ? sorbet citron ?
sorbet citron	café

On les mange vivantes ! 18

A

les bonbons	les desserts	les cadeaux	les huîtres
les huîtres	les huîtres	la salade	l'addition
l'addition	le café	le café	le thé
le cadeau	le cadeau	le fromage	la salade de fruits
le hors-d'œuvre	le hors-d'œuvre	la table	le dessert

18 On les mange vivantes !

B

Les enfants les adorent.	Les enfants les mangent très volontiers.	Les enfants les aiment beaucoup.	On les mange vivantes !
On les trouve dans la mer.	On les mange en hors d'œuvre.	En France, on la demande pour toute une table.	Le serveur l'apporte à la fin du repas.
On l'achète souvent au marché.	On le boit après le déjeuner.	On le prend souvent avec du sucre.	On peut le boire avec du lait.
On l'offre à un anniversaire.	On le reçoit pour son anniversaire.	On le mange avant le dessert.	On peut la prendre comme dessert.
On ne le mange pas à la fin du repas.	On la réserve au restaurant.	On le prend au début du repas.	On le mange après le fromage.

Vous avez-vu quelqu'un ? **19**

Vous avez vu quelqu'un ?	Vous avez entendu quelque chose ?	Vous habitez toujours à Lyon ?	Vous faites quelque chose ce week-end ?
Vous êtes déjà allés en France ?	Vous avez reçu ma lettre ?	Vous avez des amis français ?	Vous avez déjà travaillé à l'étranger ?
Vous avez pris quelque chose ?	Vous regardez souvent la télé ?	Vous avez dit quelque chose ?	Vous voyez souvent vos petits-enfants ?
Vous attendez quelqu'un ?	Ça marche toujours ?	Vous connaissez quelqu'un à Strasbourg ?	

19 Vous avez-vu quelqu'un ?

Non, je n'ai vu personne.	*Non, je n'ai rien entendu.*	*Non, nous n'habitons plus à Lyon.*	*Non, je ne fais rien.*
Non, nous ne sommes jamais allés en France.	*Non, je n'ai rien reçu.*	*Non, nous n'avons pas d'amis français.*	*Non, je n'ai jamais travaillé à l'étranger.*
Non, je n'ai rien pris.	*Non, nous ne regardons jamais la télé.*	*Non, je n'ai rien dit.*	*Non, nous ne les voyons jamais.*
Non, je n'attends personne.	*Non, ça ne marche plus.*	*Non, je ne connais personne.*	

Vie privée, vie publique 20

la naissance	le mariage	positif	la famille
négatif	recruter	annoncer	les grands-parents
la chambre	la sœur	la salle de bains	nouveau
calme	l'immeuble	les petits-enfants	l'entreprise
le C.V.	la pièce	la lettre	la candidature
regarder la télé	l'appartement	content	restaurer

20 Vie privée, vie publique

le boulevard	changer	avoir faim	le rendez-vous
le jardin	ancien	la joie	la carrière
l'expérience	la réponse	remercier	le problème
inviter	le couple	la discussion	privé
le job	professionnel	visiter	l'annonce
traditionnel	louer	acheter	le logement

facettes-poursuit 21

21 facettes-poursuit : fiches-questions (I)

D	D	D	D
C'est l'anniversaire de votre voisin/e. Qu'est-ce que vous dites ?	Vous êtes touriste dans une ville. Vous cherchez la gare. Qu'est-ce que vous dites ?	Vous faites les courses au marché. Qu'est-ce que vous dites ?	Votre emploi du temps aujourd'hui. Racontez !
D	**D**	**D**	**D**
Vous n'avez pas de montre. Vous demandez l'heure. Qu'est-ce que vous dites ?	Vous voulez partir en vacances. Vous allez à l'agence de voyages. Faites le dialogue.	Vous téléphonez à votre ami/e dans le nord et vous parlez du temps. Faites le dialogue.	Vous voulez aller au cinéma. Vous téléphonez à votre ami/e pour prendre rendez-vous. Faites le dialogue.
D	**D**	**D**	**D**
Vous rentrez de vacances et vous rencontrez votre voisin/e. Vous parlez de vos vacances. Faites le dialogue.	Parlez de vous : commentez 3 dates importantes dans votre vie.	Vous cherchez les toilettes dans un café. Qu'est-ce que vous dites ?	Vous réservez une table dans un restaurant. Faites le dialogue au téléphone.
C	**C**	**C**	**C**
Les restos du cœur, qu'est-ce que c'est ?	Les salutations en France : qu'est-ce qu'ils font ?	Citez trois choses que les Français adorent.	Comprenez-vous ce panneau ?
C	**C**	**C**	**C**
Vrai ou faux ? En France on paie souvent avec des chèques ou des cartes de crédit.	Le téléphone sonne. C'est pour votre mari/femme. Qu'est-ce que vous dites ?	Citez trois pays où l'on parle français.	Vrai ou faux ? Les vacances des Français : - ils vont surtout à l'étranger. - ils préfèrent la mer.

Leçons 1-10

facettes-poursuit : fiches-questions (II) **21**

C	C	C	C
Paris, vous connaissez ? Citez 3 monuments.	Vrai ou faux ? En France, on offre les fleurs avec le papier d'emballage.	Vrai ou faux ? Au restaurant, en France, vous pouvez vous asseoir à une table déjà occupée.	Vrai ou faux ? Au restaurant, en France, on paie séparément son repas.
P	**P**	**P**	**P**
Lisez : 1. je fais ; j'ai fait 2. je travaille ; j'ai travaillé 3. le café ; les cafés	Lisez : 1. Tu parles toujours russe avec lui. 2. Julie écoute toujours de la musique.	Lisez : 1. Simon ne comprend pas le breton. 2. Nous buvons souvent du Champagne ensemble.	Trouvez 1 mot avec les sons : 1. [ã] (croissant) 2. [õ] (bonbon) 3. [ɛ̃] (vin)
P	**P**	**P**	**P**
Epelez votre nom !	Epelez ces mots : 1. j a r d i n 2. h ô t e l 3. c h a m b r e	Lisez : 1. un oeuf des œufs 2. dix centimes dix euros	Lisez : 1. Vous êtes arrivés à quelle heure ? 2. Les amis de mes amis sont mes amis.
P	**P**	**P**	**P**
Lisez ces phrases : 1. Ils travaillent souvent le soir. 2. Tu regardes souvent la télé ?	Lisez ces deux phrases : 1. Ils sont souvent à la maison le soir. 2. Samedi, ils ont des amis à la maison.	Lisez : 1. ▲ D'accord ? ● D'accord. 2. ▲ C'est calme ? ● C'est calme.	Lisez : Dimanche, on mange au restaurant « Chez Chantale ».
V	**V**	**V**	**V**
Quelles sont les couleurs du drapeau : - français ? - allemand ? - européen ?	Lisez ces dates : 1. le 13.02.1998 2. le 16.11.2002 3. le 23.09.1989	Comment s'appellent les 4 saisons (dans l'ordre) ?	Comment s'appellent les 12 mois de l'année ? (Commencez par la fin.)

21 *facettes*-poursuit : fiches-questions (III)

V Qu'est-ce que vous prenez au petit déjeuner ?	V Comment s'appellent les principales étapes d'une vie ?	V Comment s'appellent les pièces d'une maison ?	V Trouvez le contraire de : 1. partir 2. entrer 3. monter
V Citez trois moments de la journée.	V Décrivez ce dessin :	V Quel mot ne va pas avec les autres ? *le CV, la candidature, l'offre d'emploi, la réponse, le faire-part, l'entretien*	V Citez cinq sport avec le verbe *faire*.
G Choisissez *le* ou *la* : 1. ____ Maroc 2. ____ Tunisie 3. ____ Corse 4. ____ Suisse 5. ____ Portugal	G Utilisez *tu* : 1. Vous habitez à Nice ? 2. Oui, et vous ? 3. Vous avez pris un café ?	G Répondez par *non* : 1. Vous êtes suisse ? 2. Tu as travaillé hier ? 3. Le bus, tu le prends souvent ?	G Trouvez pour chaque article 3 noms : 1. le _____ 2. l'_____ 3. la _____
G Trouvez la question : 1. __ ? – J'ai 42 ans. 2. __ ? – Non, je n'ai pas d'enfants.	G Mettez au passé composé ! Ce matin, je fais les courses. Je vais d'abord au marché, puis je passe à la boulangerie.	G Choisissez *mon*, *ma* ou *mes* : 1. _____ groupe 2. _____ vacances 3. _____ amie 4. _____ photo	G Choisissez *ce, cet, cette* ou *ces* : 1. _____ vélo 2. _____ maison 3. _____ ami 4. _____ gens
G Répondez avec le pronom *le / la / l' / les* : 1. Vous prenez souvent le bus ? 2. Vous avez aimé le dernier film de Chabrol ?	G Racontez vos projets pour demain. (Utilisez le futur proche.)	G Répondez avec le pronom *le / la / l' / les* : 1. Tu connais Mme Dulac ? – Oui, … 2. Tu prends le train demain ? – Non, …	G Complétez le texte : Je voudrais un litre __ lait et une livre __ courgettes. Et aussi un peu __ persil.

Les autres et moi 22

Promenez-vous dans la classe et posez des questions pour trouver une personne dans le groupe qui...

- s'est mariée un mois de janvier :
- vient de s'installer dans la région :
- est professeur :
- fait du yoga :
- ne s'ennuie jamais :
- s'occupe souvent de ses petits-enfants :
- n'aime pas téléphoner :
- adore écrire des lettres :
- ne s'intéresse pas à la politique :
- mange une fois par semaine au restaurant :
- a déjà pris le TGV :
- a vécu à l'étranger :
- se souvient du nom de son premier professeur :

Présentez ensuite vos résultats au groupe.

23 Présentations fantaisistes

Prénom : _____	Prénom : _____	Prénom : _____
(se marier le mois prochain)	(se souvenir du bon vieux temps)	(s'installer dans la région le mois prochain)
Prénom : _____	Prénom : _____	Prénom : _____
(s'occuper d'un projet d'urbanisme)	(ne jamais s'ennuyer)	(ne pas s'adapter à sa nouvelle vie)
Prénom : _____	Prénom : _____	Prénom : _____
(s'amuser bien hier soir)	(ne jamais se retrouver seul/e)	(aimer se détendre devant la télé)
Prénom : _____	Prénom : _____	Prénom : _____
(aimer se faire plaisir)	(se lever à six heures ce matin)	(s'intéresser à son boulot)
Prénom : _____	Prénom : _____	Prénom : _____
(ne pas s'énerver souvent)	(se promener en ville hier après-midi)	(se coucher à minuit hier soir)

La France au superlatif 24

1. Quelle est la plus grande ville de France après Paris ?
2. Quelle est la cause la plus fréquente d'accidents en France ?
3. Quelle est la plus grande île française ?
4. Quelle est la voiture française la plus populaire ?
5. Quel est le sport le plus pratiqué par les retraités en France ?
6. Quel est le musée parisien le plus connu ?
7. Quel est le plus grand port de France ?
8. Quelle est la course de vélo la plus célèbre en France ?
9. Quelle est la plus célèbre actrice française des années 60 ?
10. Quel est le nom du footballeur français le plus célèbre ?
11. Comment s'appelle le train français le plus rapide ?
12. Dans quelle ville se trouve le plus célèbre pont de France ?

25 Quelle voiture choisir ?

A

9 l/100 km
2001
12 000 €

B

15 l/100 km
1992
3 800 €

Offrez-lui des fleurs! 26

parler	téléphoner	donner
acheter	offrir	annoncer
expliquer	demander	montrer
répondre	présenter	permettre
dire	raconter	écrire
proposer	souhaiter	recommander

Leçon 3

27 Oui ! Non ! Oui, mais...

A A. Thomas, 35 ans

Vous êtes journaliste à la télé.
Vous organisez un débat sur le thème : Internet, un danger pour la lecture ?
Vos invités ce soir :
- J. Leblanc, 45 ans, professeur, père/mère de 2 enfants
- C. Dujardin, 23 ans, étudiant/e, célibataire
- M. Duval, 75 ans, *cyberpapy/cybermamy*
- F. Meyer, 17 ans, élève de première

Vous saluez les spectateurs dans le cadre de votre émission, vous indiquez le thème du débat, vous présentez vos invités puis vous donnez la parole à chacun en posant des questions etc.

Vous dites : J'ai le plaisir de vous présenter...
Je donne la parole à...
Et vous, qu'en pensez-vous ?
Etes-vous d'accord avec... ?

B J. Leblanc, 45 ans

Vous êtes professeur, vous êtes marié/e et vous avez deux enfants. La lecture, c'est votre passion. Internet ? Vous êtes contre parce que c'est un danger pour la lecture

Vos arguments :
- Internet tue la convivialité.
- les élèves ne lisent plus.
- les informations ne sont pas sûres.

Vous dites : Je pense que...
Je trouve que...
Je suis contre...

C C. Dujardin, 23 ans

Vous êtes étudiant/e en journalisme, célibataire. Vous lisez beaucoup, mais vous utilisez aussi Internet dans votre travail. Pour vous Internet et la lecture sont complémentaires.

Vos arguments :
- les informations sont sûres (Presse écrite).
- les informations sont rapides (Internet).
- on peut surfer et lire.

Vous dites : Je suis pour...
A mon avis...
C'est vrai, mais...

D M. Duval, 75 ans

Vous êtes à la retraite et vous lisez peu. Votre petit-fils vous a communiqué sa passion pour Internet. Internet ? Vous êtes un/e fan. Dans votre famille, on vous appelle *cyberpapy/cybermamy*.

Vos arguments :
- la lecture, c'est difficile.
- Internet, c'est démocratique.
- Internet : un remède contre la solitude

Vous dites : Je suis pour...
Je pense que...
Pour moi...

E F. Meyer, 17 ans

Vous êtes élève de première. Vous n'aimez pas lire, surtout pas les romans. Internet ? Vous avez Internet à la maison, mais cela ne vous intéresse pas beaucoup. Votre passion : la télé.

Vos arguments :
- les gens sont libres de choisir.
- lire et surfer sur Internet, c'est ennuyeux.
- pour s'informer, il faut regarder la télé.

Vous dites : Je ne sais pas...
D'accord, mais...
C'est vrai, mais...

Quand j'avais 12 ans... 28

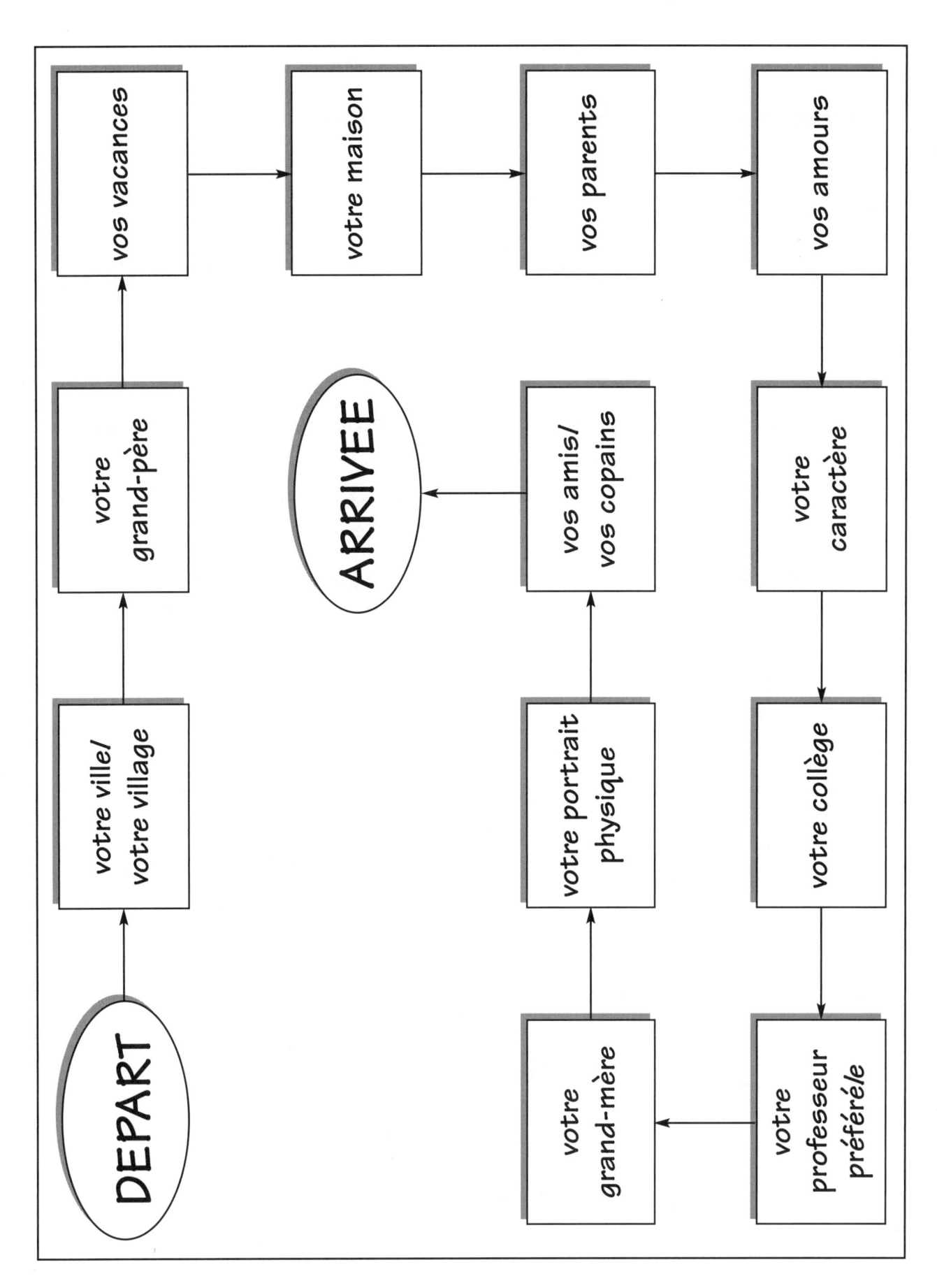

DÉPART → votre ville/votre village → votre grand-père → vos vacances → votre maison → vos parents → vos amours → votre caractère → votre collège → votre professeur préféré/e → votre grand-mère → votre portrait physique → vos amis/vos copains → **ARRIVÉE**

Leçon 4

29 Comment faites-vous... ?

grand-père	grand-mère	pantalon	pull
rivière	pont	rouler	embouteillage
soleil	parasol	bateau	port de pêche
village	ville	rougir	être timide

2. Caractériser

On peut...

chanter : _____   vivre : _____   manger : _____
         _____   _____   _____
         _____   _____   _____
         _____   _____   _____

aimer : _____   travailler : _____
        _____   _____
        _____   _____
        _____   _____

Trois vies en désordre 30

Jean, le quatrième fils de Marcel Dujardin et de sa femme Maria, est né le 3 août 1948 dans un petit village de Dordogne. Jusqu'à 16 ans, il est allé à l'école du village. Mais il n'était pas bon élève : il ne travaillait pas assez et il était souvent malade. A l'école, il s'ennuyait souvent et rêvait d'une autre vie.

C'est pourquoi, il a quitté l'école à 16 ans et a commencé à travailler dans une boulangerie. C'est là qu'il a fait la connaissance de sa future femme : Maria, une de ses fidèles clientes. Maria Vettoni était la fille d'une famille d'immigrés italiens. Elle était très amoureuse de lui et ils se sont mariés très vite car le premier enfant était en route. Les deux familles n'étaient pas vraiment d'accord.

Les jeunes mariés ont déménagé pour aller s'installer en ville, dans un appartement de 2 pièces. Au début, c'était difficile : Maria ne travaillait pas, c'est elle qui s'occupait des enfants et Jean ne gagnait pas beaucoup d'argent.

Un jour, leur vie a changé. Jean a trouvé un emploi plus intéressant et mieux payé à la poste. Lui et sa femme (ils avaient déjà 2 enfants) ont pu vivre alors plus confortablement. Leurs enfants ont fréquenté l'école avec succès, ils ont fait des études d'ingénieur et Jean et Maria ont eu une vie heureuse.

Annie Thomas était une enfant difficile. Ses parents étaient tous les deux professeurs d'université et n'avaient pas beaucoup de temps pour s'occuper de leur fille unique. Annie se trouvait moche et elle rougissait tout le temps.

Elle habitait le plus souvent avec ses grands-parents qui l'adoraient. C'était une élève sérieuse, mais une enfant un peu triste et timide. Elle n'avait pas beaucoup d'amis parce qu'elle avait mauvais caractère.

30 Trois vies en désordre

A 18 ans, elle est partie à Zurich pour faire des études d'archéologie et d'histoire de l'art. Elle a terminé ses études avec succès et elle a obtenu une place de restaurateur au Royal Albert Museum de Londres.

C'est à l'âge de 47 ans qu'Annie a rencontré le grand amour de sa vie, un directeur de la Westminster Bank Ltd. Ils se sont mariés tout de suite. Cinq ans plus tard, ils n'avaient pas d'enfants, ils avaient beaucoup d'argent, alors ils sont partis s'installer à Capri.

Armand était un enfant trouvé. Germaine et André Lenormand, ses parents adoptifs, se sont occupés de lui dans les premières années de sa vie. Comme tous les enfants, Armand est allé à l'école et a appris à lire, écrire et compter. Mais il n'aimait pas beaucoup l'école.

Quand il a eu 15 ans, il a quitté la maison de ses parents et il est parti à Paris. C'est là qu'il a, très vite, rencontré des amis qui lui ont appris à se débrouiller. Il apprenait vite et il est devenu bientôt le meilleur cambrioleur de la ville. Personne ne l'a jamais vu entrer dans une maison, ni sortir. Il a travaillé ainsi pendant de nombreuses années. La police ne l'a jamais retrouvé.

Un jour, (il avait 45 ans) il a pensé qu'il était trop vieux pour ce métier et qu'il devait prendre sa retraite. Il s'est marié avec Louise, la patronne de son restaurant préféré et s'est lancé dans l'aventure de la vie normale. Il passait ses journées au bar et discutait avec les clients.

De leur mariage sont nées deux filles. Elles ont eu une formation excellente : elles on fait des études de médecine et sont devenues médecins toutes les deux.

Pourquoi ? Parce que... 31

7h45 : Mme Leblanc quitte sa maison en voiture. Le soir, elle rentre en taxi. Il est 21h30. POURQUOI ?	Pierre Martin est un homme d'affaires très actif. Un jour, il se retrouve S.D.F. POURQUOI ?	Christine habite depuis toujours à la campagne et élève des chèvres. Un jour, elle déménage et part vivre en ville. POURQUOI ?
Luc Moulin est commissaire de police. Il aime beaucoup sa profession. Un jour, il démissionne. POURQUOI ?	Jacques vit avec sa femme et ses trois enfants. Un jour, il part acheter des cigarettes. Il ne revient pas. POURQUOI ?	Jeanne est invitée à dîner chez des amis. Elle ne vient pas. POURQUOI ?
Pierre veut acheter une nouvelle voiture. Il trouve la voiture de ses rêves. Il ne l'achète pas. POURQUOI ?	Anne fait les courses au marché. Elle n'achète rien et rentre à la maison. POURQUOI ?	Amélie déteste aller à l'école. Ce matin, quand elle part à l'école, elle est très contente. POURQUOI ?
Les Thomas veulent partir en vacances. Le matin, ils quittent la maison très tôt. Le soir, ils sont de retour vers 23 heures. POURQUOI ?	Juliette et Flora sont de très grandes amies. Un jour, elles se disputent. POURQUOI ?	Les Dumont vont au théâtre. Quand ils rentrent chez eux la porte de leur maison est ouverte. POURQUOI ?

32 Tour d'horizon

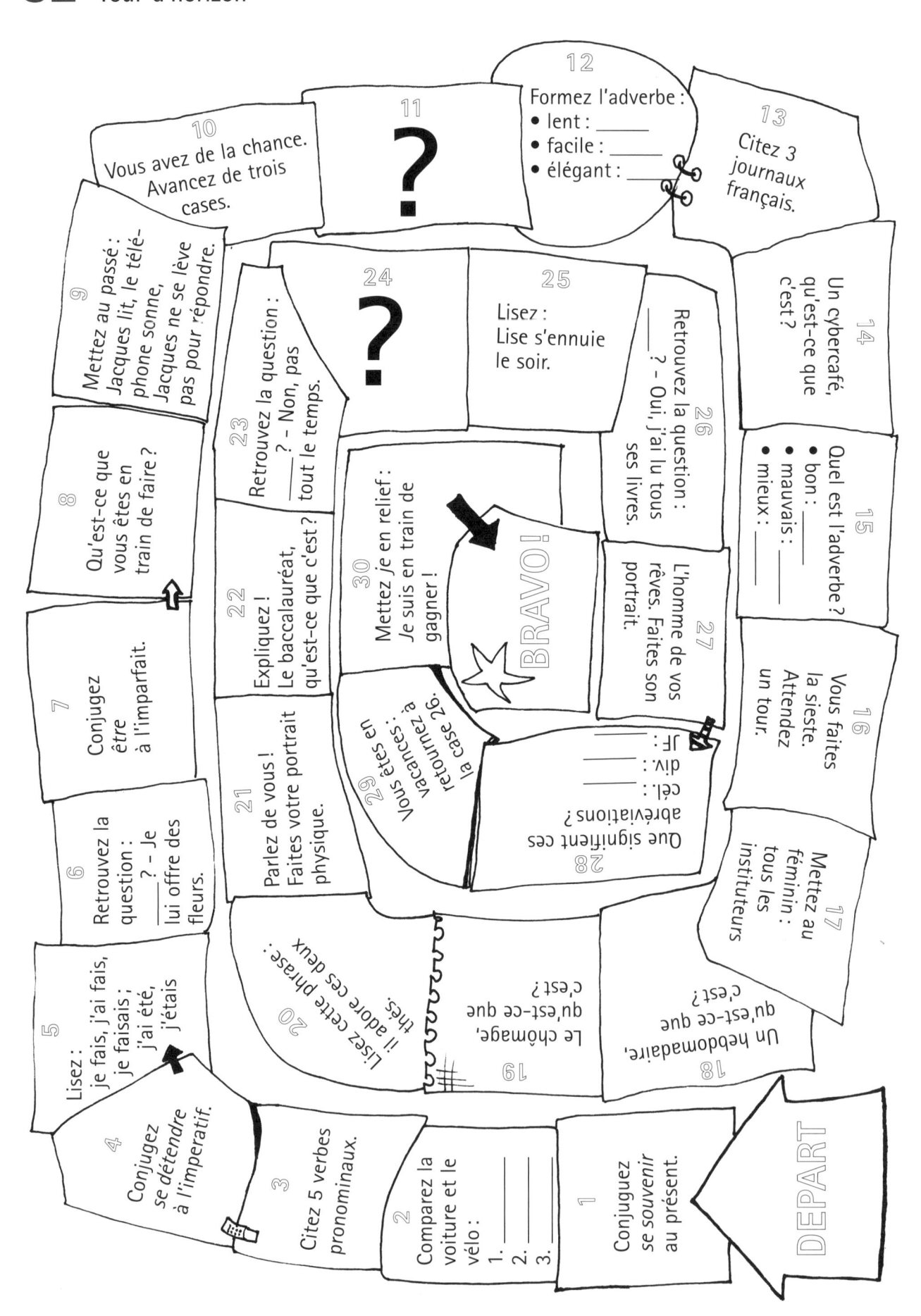

DÉPART

1. Conjuguez *se souvenir* au présent.
2. Comparez la voiture et le vélo : 1. ___ 2. ___ 3. ___
3. Citez 5 verbes pronominaux.
4. Conjuguez *se détendre* à l'impératif.
5. Lisez : je fais, j'ai fais, je faisais ; j'ai été, j'étais
6. Retrouvez la question : ___ ? – Je lui offre des fleurs.
7. Conjuguez *être* à l'imparfait.
8. Qu'est-ce que vous êtes en train de faire ?
9. Mettez au passé : Jacques lit, le téléphone sonne, Jacques ne se lève pas pour répondre.
10. Vous avez de la chance. Avancez de trois cases.
11. ?
12. Formez l'adverbe :
    - lent : ___
    - facile : ___
    - élégant : ___
13. Citez 3 journaux français.
14. Un cybercafé, qu'est-ce que c'est ?
15. Quel est l'adverbe ?
    - bon : ___
    - mauvais : ___
    - mieux : ___
16. Vous faites la sieste. Attendez un tour.
17. Mettez au féminin : tous les instituteurs
18. Un hebdomadaire, qu'est-ce que c'est ?
19. Le chômage, qu'est-ce que c'est ?
20. Lisez cette phrase : il adore ces deux thés.
21. Parlez de vous ! Faites votre portrait physique.
22. Expliquez ! Le baccalauréat, qu'est-ce que c'est ?
23. Retrouvez la question : ___ ? – Non, pas tout le temps.
24. ?
25. Lisez : Lise s'ennuie le soir.
26. Retrouvez la question : ___ ? – Oui, j'ai lu tous ses livres.
27. L'homme de vos rêves. Faites son portrait.
28. Que signifient ces abréviations ? cél. : ___ div. : ___ JF : ___
29. Vous êtes en vacances : retournez à la case 26.
30. Mettez *je* en relief : Je suis en train de gagner !

BRAVO !

Leçons 1–5

La cigale et la fourmi 33

Leçon 6

34 *En* ou *y*? Il faut choisir !

Vous achetez beaucoup de bijoux ?	Vous faites des économies ?	Avez-vous déjà mangé des huîtres ?	Vous avez un four à micro-ondes ?
Tu as souvent besoin de ton passeport ?	Faites-vous souvent des reproches ?	Tu prends du sucre dans ton café ?	Tu as combien d'enfants ?
Lisez-vous beaucoup de revues ?	Te souviens-tu de tes premières vacances à l'étranger ?	Tu manges beaucoup de chocolat ?	Tu viens du cinéma ?
Vous restez chez vous cet après-midi ?	Jouez-vous au loto de temps en temps ?	Tu manges souvent au restaurant ?	Etes-vous déjà allé/e en France ?
Allez-vous chez le coiffeur cette semaine ?	Tu as réfléchi à ma proposition ?	Es-tu retourné/e chez le docteur la semaine dernière ?	Tu arrives à répondre à toutes ces questions ?
Vous vous intéressez à la politique ?	Pensez-vous souvent à votre enfance ?	Croyez-vous à l'astrologie ?	Pensez-vous à utiliser le pronom *en* ou *y* ?

Où est passé... ? **35**

un chat	un renard	un paon	un escargot
un cheval	une poule	un loup	un poisson
un canard	une fourmi	un agneau	une chèvre
un corbeau	un hamster	un chien	

1	2	3	4
5	6	7	8
9	10	11	12
13	14	15	16
17	18	19	20
21	22	23	24

36 Avec des si...

Avec des si...

1. _____, je serais fier/fière comme un paon
2. _____, je serais heureuse comme un poisson dans l'eau.
3. _____, je m'achèterais un chien.
4. _____, je commencerais un régime.
5. _____, j'irais voir un psy.

... on mettrait Paris en bouteille!

1. Si j'avais un animal de compagnie, _____
2. Si j'étais français/e, _____
3. Si j'étais une autre personne, _____
4. Si je n'étais pas là, _____
5. Si nous _____,

Les joies du dictionnaire 37

Aux portes de la folie *(D'après Avantages, n°110, novembre 1997)*

C'était l'heure de la _____ *(repos pris après le repas de midi)*. Jean-Claude donnait une _____ *(réception joyeuse où sont invités des amis, de la famille)* à l'occasion de son dix-septième _____ *(jour où l'on fête un événement qui s'est produit le même jour d'une autre année)*.

Très vite, les _____ *(personnes qui habitent tout près)* ont commencé à se plaindre et puis soudain, l'un d'entre eux, qui ne supportait plus ni la musique, ni le bruit de la fête est descendu, fou de colère, un couteau à la _____ *(partie du corps située au bout du bras)*. Bilan, Jean-Claude s'est retrouvé à l'hôpital.

Faits divers

Mario Moretti, un livreur de _____ *(tarte salée italienne faite de pâte à pain et recouverte de tomates, de jambon, de fromage etc.)*, qui circulait à _____ *(véhicule à deux roues avec un guidon et deux pédales)* sans _____ *(objet qui couvre et protège la tête)*, a eu un accident _____ *(jour qui est juste avant le jour où l'on est)* soir. Le jeune _____ *(personne adulte de sexe masculin)* a été transporté à l' _____ *(établissement médical dans lequel on soigne et on opère les malades et les blessés)* Pasteur. L' _____ *(personne qui conduit une automobile)* responsable de l'accident, ne s'est pas arrêté.

A vous !

Racontez ce que vous allez faire cet après-midi ou ce que vous avez fait le week-end dernier en donnant des définitions pour certains mots comme dans les textes ci-dessus.

_____
_____
_____
_____
_____

Leçon 8

38 Histoire de vélos

J'ai reçu mon premier vélo à l'âge de 8 ans, pour mon anniversaire. Il y avait longtemps que je désirais un vélo et j'étais donc très heureux. J'ai appris à en faire en une journée.

C'était un vieux vélo noir, plutôt en mauvais état et qui venait de ma grande sœur. La selle était trop haute et je devais pédaler debout.

Les freins ne marchaient pas bien non plus, mais cela m'était bien égal. Pour moi, c'était le plus beau des vélos. J'en rêvais depuis des années.

C'est à l'âge de 12 ans, lorsque je suis entré au lycée, que j'ai eu mon second vélo.

Un vélo tout neuf, cette fois, un *vrai* vélo avec de la lumière, des freins qui marchaient et une selle qui n'était pas trop haute.

Le lycée se trouvait à 10 km de la maison et j'y allais en 30 minutes. Au début, j'étais très fier, mais petit à petit, ce beau vélo de mes 12 ans m'intéressait moins.

Depuis que j'avais 14 ans, je rêvais d'une mobylette. Un jour, je suis allé chez le marchand et je lui ai vendu mon vélo.

Mais je n'ai jamais eu de mobylette parce que mes parents trouvaient ça trop dangereux.

Mon troisième vélo, je l'ai acheté, il y a 3 ans : un magnifique vélo violet, avec 21 vitesses et une selle très confortable.

Je le laisse la nuit devant la maison et ce matin, je ne l'ai plus retrouvé. Des voleurs de vélos sont venus et ont emporté mon beau vélo : j'avais pourtant mis l'antivol !

Depuis ce matin, je n'ai plus de vélo, je vais commencer la marche et le roller. C'est excellent aussi pour la santé.

Je commence mon nouveau programme santé dans une demi-heure.

Docteur, faites quelque chose ! 39

A Faites le dialogue sur le thème : « Le sport, c'est la santé ! »
Ecrivez ensemble un dialogue avec les mots proposés.
Lisez-le et présentez-le au groupe.

● Docteur   ▲ Patiente

● (Bonjour - prendre place - ne ... pas aller - ?)
_____

▲ (Bonjour - fatigué/e - nerveux/se - se sentir)
_____

● (Depuis - ?)
_____

▲ (semaines)
_____

● (faire - sport - ?)
_____

▲ (oui - autrefois - faire - sport - mais - maintenant - ne plus faire – en)
_____

● (raisons - ?)
_____

▲ (travail - trop - ne pas avoir le temps)
_____

● (mais - pour - être en forme - il faut que - faire de l'exercice - et que - manger - légumes - beaucoup)
_____

▲ (ne pas pouvoir - mal - dormir - médicaments - ?)
_____

● (regretter - médicaments - dangereux - il vaut mieux que - faire du sport)
_____

▲ (Quel sport - conseiller - ?)
_____

● (commencer - régulièrement - gymnastique)
_____

▲ (commencer - demain - devoir - combien - ?)
_____

● (20 €)
_____

▲ (Voilà ! - Merci - Au revoir)
_____

● (Au revoir - bien se soigner - prochaine fois)
_____

39 Docteur, faites quelque chose !

B Faites le dialogue sur le thème : « Le sport, c'est la santé ! »
Ecrivez ensemble un dialogue avec les mots proposés.
Lisez-le et présentez-le au groupe.

● Docteur ▲ Patiente

● (Bonjour - prendre place - ne ... pas aller - ?)
_____

▲ (Bonjour - fatigué/e - nerveux/-se - se sentir)
_____

● (Depuis - ?)
_____

▲ (semaines)
_____

● (faire - sport - ?)
_____

▲ (oui - autrefois - faire - sport - mais - maintenant - ne plus faire - en)
_____

● (raisons - ?)
_____

▲ (travail - trop - ne pas avoir le temps)
_____

● (mais - pour - être en forme - il faut que - faire de l'exercice - et que - manger - légumes - beaucoup)
_____

▲ (ne pas pouvoir - malheureusement - mal - dormir - médicaments - ?
_____

● (d'accord - essayer - nouveau médicament - bien dormir - prendre le soir - revenir - 15 jours - dans)
_____

▲ (devoir - combien - ?)
_____

● (30 €)
_____

▲ (Voilà ! - Merci - Au revoir)
_____

● (Au revoir - bien se soigner - prochaine fois)
_____

Attention relaxation ! 40

Leçon 9

41 Champion d'Europe

La Loire, la Seine, le Rhône et le Rhin sont des grands fleuves français.	L'Union européenne compte actuellement *15 états*.	Les députés européens siègent *à Strasbourg*.	Il y a *12 étoiles* sur le drapeau européen.
La Belgique, le Luxembourg, la Suisse, l'Allemagne, l'Italie et l'Espagne ont une frontière avec la France.	*L'Etna* est le plus grand volcan d'Europe.	Le Porto est un vin qui vient du *Portugal*.	Le jeu de Lego vient du *Danemark*.
Le plus haut sommet d'Autriche s'appelle le *« Großglockner »*.	L'ouzo est un apéritif *grec* à base d'anis.	*Amsterdam* est la capitale des Pays-Bas.	La *Guiness* est une bière brune irlandaise.
L'abréviation « E.U » signifie *« Union Européenne »*.	*Le Luxembourg* est le plus petit pays de l'Union européenne.	*Le Rhin, le Main, le Neckar, l'Elbe, la Moselle, la Weser, le Danube* sont les plus grands fleuves d'Allemagne.	Copenhague est la capitale du *Danemark*.
Le Pô est le plus long fleuve d'Italie.	*Stockholm* est la capitale de la Suède.	En Belgique et au Luxembourg, il y a *3 langues officielles*.	*La Finlande* compte 187 888 lacs.
Le pastis est un *apéritif français* à base d'anis.	*Le Danube* traverse 9 pays d'Europe.	La Grande-Bretagne *c'est l'Angleterre, l'Irlande et l'Ecosse*.	Le Rioja est *un vin espagnol* très connu.

Chez la voyante 42

Fiche de divination (I)

1.
   1. réussir tout – avoir beaucoup de projets
   2. avoir de la chance – s'occuper d'un projet intéressant

2.
   1. avoir beaucoup d'amis – connaître le succès
   2. ne pas oublier les autres – faire une rencontre intéressante

3.
   1. oublier ses problèmes – devoir rester prudent/e
   2. être malin comme un renard – avoir du succès dans un projet

4.
   1. les affaires (marcher bien) – gagner beaucoup d'argent
   2. bien placer de l'argent – ne pas faire un mauvais choix

5.
   1. connaître le bonheur – voir souvent sa famille
   2. avoir besoin de calme – vivre dans le présent

6.
   1. s'occuper de soi – faire plus de sport
   2. se sentir en pleine forme – avoir des projets de voyage

7.
   1. travailler trop – être stressé
   2. traverser une période calme – faire de la gymnastique douce

8.
   1. ne pas avoir de problèmes – vivre simplement
   2. marcher sur des routes larges et droites – trouver le bonheur

9.
   1. devoir faire attention à sa santé – faire le bon choix
   2. être intelligent – savoir attendre

10.
    1. travailler beaucoup – avoir beaucoup d'argent
    2. être aimé – être heureux

42 Chez la voyante

Fiche de divination (II)

11. 1. recevoir une lettre importante – garder le contact avec ses amis
    2. écrire souvent aux amis – retrouver un vieil ami/une vieille amie

12. 1. devoir prendre une décision – réussir des changements
    2. fêter un grand événement – réaliser un exploit

13. 1. être en harmonie avec les autres – avoir de nouvelles responsabilités
    2. faire un voyage en France – découvrir des régions magnifiques

14. 1. faire des rencontres intéressantes – trouver des amis pour la vie
    2. s'occuper d'un projet humanitaire – avoir besoin de temps

15. 1. bien organiser sa vie – avoir de nombreux projets
    2. vivre en harmonie avec soi-même – avoir un petit bonheur

16. 1. apprendre sérieusement le français – faire régulièrement ses devoirs
    2. avoir raison sur un point – préférer les questions aux réponses

17. 1. retrouver l'équilibre en vacances – revenir en bonne forme
    2. faire trop de choses – falloir choisir

18. 1. savoir écouter les autres – être ouvert/e aux rencontres
    2. devoir faire quelques économies – s'offrir un stage de français en France

19. 1. changer de pays – s'installer à l'étranger
    2. jouer au loto – avoir d'agréables surprises

20. 1. hériter d'un oncle d'Amérique – faire des plans d'avenir
    2. vivre dans l'instant présent – écouter son instinct

1 = Lecture horizontale   2 = Lecture verticale

Chez la voyante **42**

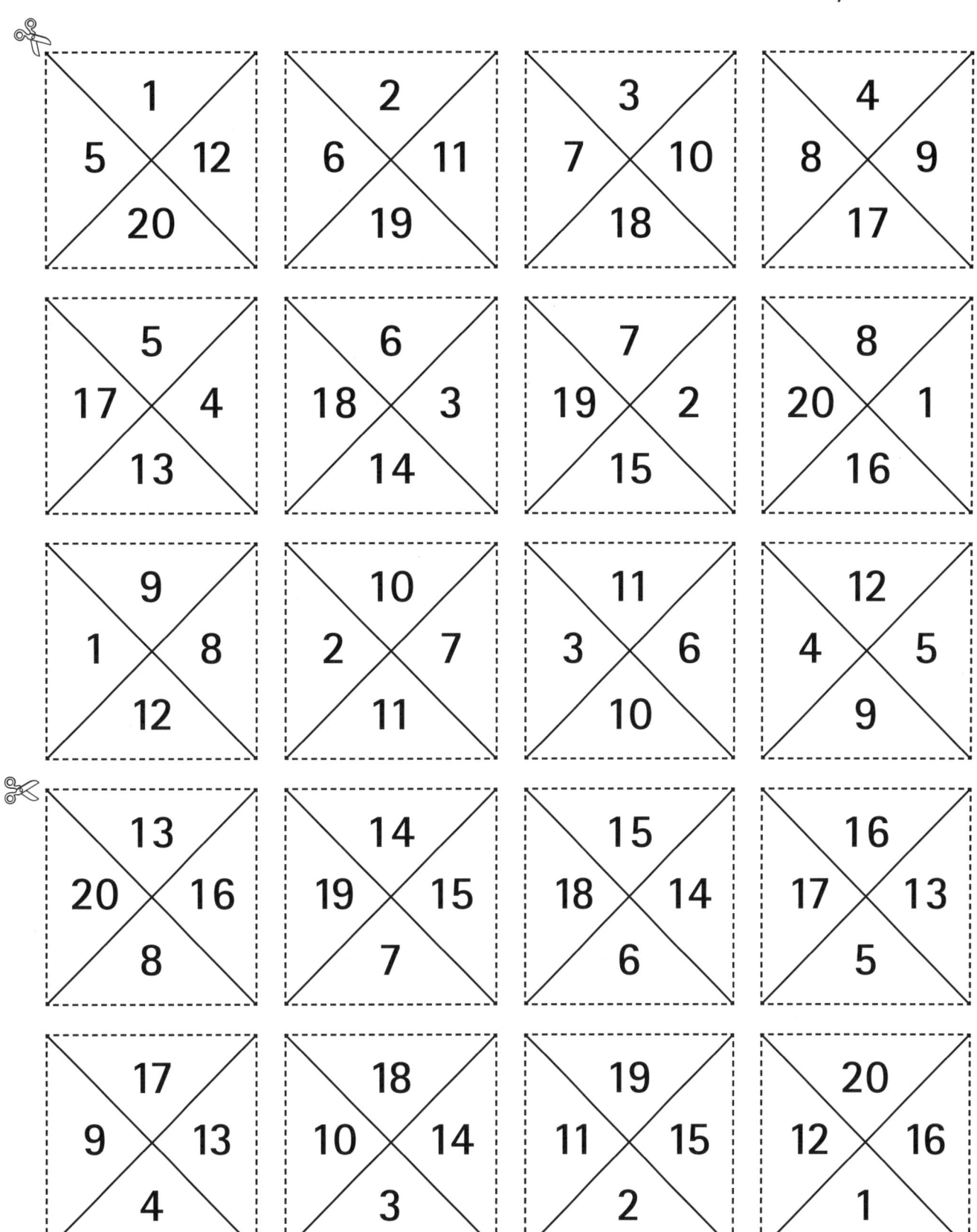

1 / 5 / 12 / 20	2 / 6 / 11 / 19	3 / 7 / 10 / 18	4 / 8 / 9 / 17
5 / 17 / 4 / 13	6 / 18 / 3 / 14	7 / 19 / 2 / 15	8 / 20 / 1 / 16
9 / 1 / 8 / 12	10 / 2 / 7 / 11	11 / 3 / 6 / 10	12 / 4 / 5 / 9
13 / 20 / 16 / 8	14 / 19 / 15 / 7	15 / 18 / 14 / 6	16 / 17 / 13 / 5
17 / 9 / 13 / 4	18 / 10 / 14 / 3	19 / 11 / 15 / 2	20 / 12 / 16 / 1

Dieses Blatt darf fotokopiert werden. © 2004 Max Hueber Verlag Leçon 10

43 *facettes*-poursuit : fiches-questions (I)

V Citez trois appareils dans votre cuisine.	V Qu'est-ce que c'est : – un S. D. F. ? – un C. V. ? – un H. L. M. ?	V Complétez ces phrases : 1. Il fait un froid de… 2. J'ai un … dans la gorge. 3. J'ai la chair de…	V Qu'est-ce que c'est : – un quotidien ? – un polar ? – une maison de la presse ?
V Citez trois rubriques sur un C. V.	V Citez trois noms de vêtements.	V Citez trois techniques de relaxation.	V Trouvez le contraire de : 1. dépenser 2. emprunter 3. être cigale
V Citez trois pays d'Europe masculins.	V Citez trois bruits qui peuvent entraîner des dommages auditifs.	V Trouvez l'équivalent en français familier (roman policier = polar) : – le restaurant = ___ – le professeur = ___ – le travail = ___	V Qu'est-ce que c'est, le télétravail ?
G Quel temps fera-t-il : – demain ? – après-demain ?	G Trouvez la question : 1. ___ ? - Non, je n'en prends jamais. 2. ___ ? - Oui, j'en ai un.	G Finissez ces phrases : 1. Je voudrais que… 2. Je regrette que… 3. Je n'aime pas que…	G Trouvez les adverbes correspondants : 1. élégant 2. meilleur 3. rapide
G Choisissez ! *ce qui…* ou *ce que…* : 1. ___ j'aime chez elle, c'est son caractère. 2. ___ fait ce bruit, c'est la tondeuse du voisin.	G Répondez en utilisant *Il y a…, Ça fait…* : 1. Quand avez-vous acheté votre voiture ? 2. Depuis quand apprends-tu le français ?	G Conjuguez le verbe *être* au conditionnel.	G Racontez vos projets pour vos prochaines vacances.

facettes-poursuit : fiches-questions (II) **43**

G	G	G	G
Conjuguez le verbe *faire* au futur.	Donnez une définition avec un pronom relatif : 1. un village 2. une baleine	Trouvez la question : 1. ___ ? – Oui, j'y vais une fois par semaine. 2. ___ ? – Oui, j'y pense souvent.	Répondez et utilisez un pronom : 1. Tu en parles à ta mère ? 2. Vous téléphonez souvent à vos amis ?
P	P	P	P
Lisez : 1. Je n'ai pas le temps. 2. Je ne sais pas.	Lisez : 1. Je prends huit litres d'huile. 2. J'aime le bruit de la pluie.	Lisez : 1. un œuf ; des bœufs 2. un œil ; des yeux	Trouvez 3 mots avec le son [ɥi] (huit).
P	P	P	P
Lisez : 1. C'est vrai ; c'est frais. 2. Je vais ; je fais.	Touvez 3 mots avec le son [ɲ] (Bretagne).	Lisez ces mots : 1. un hôtel ; en hiver 2. deux euros ; deux héros 3. un homme ; un hamac	Lisez ces mots : 1. le cybercafé 2. la gymnastique 3. la piste cyclable
P	P	P	P
Lisez ces phrases : 1. Je ne dis pas que je ne viendrai pas ce soir. 2. Je ne sais pas ce que je fais samedi.	Lisez ces phrases : 1. Ma sœur est masseuse. 2. Je veux que tu te reposes un peu.	Lisez ces mots : 1. un cadeau ; un gâteau 2. un poisson ; une boisson	Lisez : 1. Marseille 2. la voyante 3. la fille
C	C	C	C
Où peut-on acheter les journaux en France ?	Citez trois titres de chansons françaises.	Citez trois sportifs français.	Comment s'appelle le magasin parisien très bon marché ?

43 facettes-poursuit : fiches-questions (II)

C	C	C	C
La 2 CV Quel est son autre nom ? Quel âge a-t-elle ? (à 10 ans près)	Les Français travaillent plus que les Allemands ! Vrai ou faux ?	Comment s'appellent les lieux de rencontre pour les internautes ?	Citez trois sports très populaires en France.

C	C	C	C
Citez 2 quotidiens français.	Citez deux acteurs et deux actrices français/es.	Vous vous souvenez de Bécassine ? Elle vient de quelle région ? Citez un de ses traits de caractère.	Citez trois héros francophones de bande dessinée.

D	D	D	D
Vous rencontrez un/e ami/e que vous n'avez pas vu/e depuis longtemps. Qu'est-ce que vous dites ?	Interviewez votre voisin/e de droite sur sa journée d'hier ! Posez trois questions.	Votre voisin/e s'ennuie. Donnez-lui des conseils. 1. *Il faut que…* 2. *Il serait bon que…*	Citez trois aspects négatifs du sport.

D	D	D	D
Vous voulez acheter un animal. Vous allez dans une animalerie. Faites le dialogue.	Comment passerez-vous votre dimanche ? Racontez.	Protection de l'environnement. Donnez trois conseils.	Votre voisin/e de droite a mal aux dents. Donnez-lui quelques conseils. 1. *Si j'étais…* 2. *Il faut que…*

D	D	D	D
Il est tard. Vos voisins donnent une fête. Ils font beaucoup de bruit. Vous allez vous plaindre. Qu'est-ce que vous dites ?	« Le travail, c'est très important ! » Trouvez trois manières de dire que vous êtes d'accord.	« Le chômage, ce n'est pas grave ! » Trouvez trois manières de dire que vous n'êtes pas d'accord.	Que feriez-vous si vous gagniez au loto ?